にがてが消える心理学

SELF-HATRED
WEAK-POINT
COMMUNICATION
LIFE-CHANGING

うぅっ… どうしても
自分を好きになれない
逃げちゃおうかな

神岡真司 著

三才ブックス

「苦手」を乗り越えて明るい未来を！

誰にでも「苦手」なことはあるものです。

「苦手」や「弱み」を持たない人はいないからです。

あの人は万能だ、スゴイ人だ――と評される人にも、そうした不得手なモノはあるわけです。

けれども、そういう人は、「苦手」や「弱み」をうまくカムフラージュしています。周囲の人たちからはなかなか見えないだけなのです。

また、そんな人は、「苦手」をことさら意識することなく、自分の「得意分野」や「強み」をアピールする術にも長けています。


「苦手」なことがあると、誰でもコンプレックスを刺激されます。

真面目な人ほど、自分の「苦手」に敏感になりがちだからです。「苦手」は、ほんの少し視点や思考を変えるだけで、簡単に克服できてしまうのに、もったいないことでしょう。

本書は、あなたのさまざまな「苦手」に焦点を当てています。さまざまな「苦手」を克服し、解消する処方箋になっています。

心理学にもとづく解決策をお伝えしていくことで、あなたの人生を明るい方向へ導くためです。

どこから読んでいただいても構いません。

苦手だな――と思っているところから、頁を繰っていただければ、目からウロコのハッピーな展開が待っているはずです。

本書を手にしたみなさまには、どうか明るい未来をつかんでいただきますように心から願っています。

2019年3月　神岡真司

目次

第１章

自分のこういうところが嫌い

第2章

どうしてもできないことってあります

第3章

コミュニケーションがうまくいかない

第4章

これができたら　もっと明るい人生に

第1章

嫌い

SELF-HATRED

自分の
こういうところが

嫌いな部分を改善できれば
自身の行動が変化していく

落ち込みやすかったり、愚痴や他人の悪口をついつい口にしてしまったり、周りの評価を気にしすぎたり……。誰しも自分の中に嫌いな部分があるものです。そんな嫌いな部分が発露してしまうと、最終的に自己嫌悪に陥って気が滅入ってしまいます。この章では自分自身の嫌いな部分にフォーカスを当てて、心理学的な角度から見ていきたいと思います。問題を客観視することで原因が浮かび上がり、改善していくことも可能になります。自分のことを多少でも好きになることができれば、それが自信につながり、これまで目に映っていた景色や自身の行動が変わってくるはずです。

SELF-HATRED

自分のこういう
ところが嫌い

すぐ落ち込む

物事を次々と悪いほうに考えてクヨクヨしてしまう

**落ち込んだときの
立ち直り方のトップは
とにかく寝る（休む）**

Question

落ち込んだとき、どうやって立ち直る？

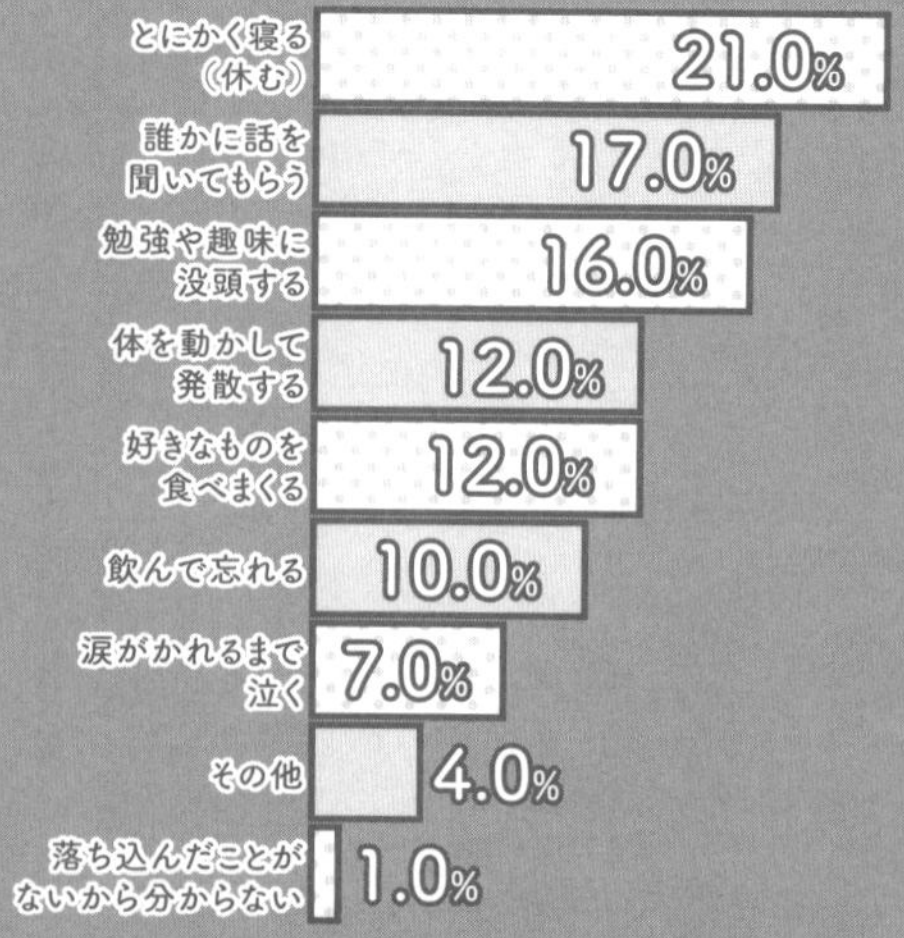

とにかく寝る（休む）
21.0%
誰かに話を聞いてもらう
17.0%
勉強や趣味に没頭する
16.0%
体を動かして発散する
12.0%
好きなものを食べまくる
12.0%
飲んで忘れる
10.0%
涙がかれるまで泣く
7.0%
その他
4.0%
落ち込んだことがないから分からない
1.0%

「落ち込んだときの立ち直り方について」
（2018年／オンスク.JP調べ）

雨のあとは晴れ

――Alain de Lille

リルのアラヌス

落ち込んだとき、早期に立ち直るには自己暗示が効果的です。早期に立ち直るために効果的な自己暗示とは、たとえば「自分は大丈夫」「自分は有能だ」というもの。こういった自分が元気になる言葉を準備しておくのです。それを何度も唱えるうちに、気分が良くなっ

リルのアラヌス
フランスの神学者。哲学、神学、文学など幅広い学問に精通していたので、全科博士と呼ばれた。

自己暗示
肯定的な言葉を繰り返し唱えることで潜在意識に働きかけ、意識を否定的なものから肯定的なものへ替えていく手法。スポーツ選手が試合前に自己暗示をかけ、モチベーションを高めることなどがよく知られている。

てきて、自然に自信も湧いてくるはずです。

また落ち込んだときには心を落ち着かせるために深呼吸をするようにしましょう。深呼吸は副交感神経を活性化させ、血圧や心拍数を下げる役割を果たすため、数回深呼吸をするだけで、簡単にリラックスすることができます。

「落ち込みやすい人」はちょっとしたことでも簡単に、しかも深く落ち込んでしまいます。物事を悪いほう、悪いほうへと考えてしまうので、一度落ち込むとなかなか立ち直れません。

落ち込みが続くことでストレスや不安で体を壊してしまうことがあるので、早期にレジリエンスを高める、すなわち打たれ強く立ち直りやすい性格に変わる必要があります。

「落ち込みやすい人」の特徴として、プライドが高く、自分に厳しい

副交感神経
自律神経は交感神経と副交感神経に分けられる。交感神経はアクセル、副交感神経はブレーキのような働きをする。つまり仕事をしたり、緊張したりするときは交感神経、リラックスしたり休んだりするときは副交感神経が活発になるのだ。

レジリエンス
「回復力」や「弾力性」「打たれ強さ」などと訳される。もともと物理学や生態学、防災学で使われる言葉。

点が挙げられます。何か失敗すると自分を許せずクヨクヨと悩んでしまうのです。こうした「落ち込みやすさ」を解消するためには、「自分を責めない」「自分を許す」クセをつけることが必要です。自分の長所を考え、ノートに書いてみるのも有効な方法でしょう。またこのタイプは些細なこと、たとえば上司の機嫌がちょっと悪いだけでも「自分は何か気に障ることをしたのでは……」と考えてしまいます。小さなことには目をつぶり、できるだけ気にしないように心がけましょう。

何かと他人と自分を比較するのも「落ち込みやすい人」の特徴です。その結果、他の人に比べて「能力が低い」「評価が低い」といったネガティブな意識を持ってしまいます。こうした人はまず他人と自分を比較することを止めましょう。さらに「完璧な人などいない」と自分に言い聞かせることも効果があります。

SELF-HATRED

自分のこういう
ところが嫌い

どうしてもやめられない、止まらない 愚痴や人の悪口をつい言ってしまう

仕事の愚痴を恋人にこぼす人は6割以上にのぼる

Question

恋人に仕事の愚痴を言いますか？

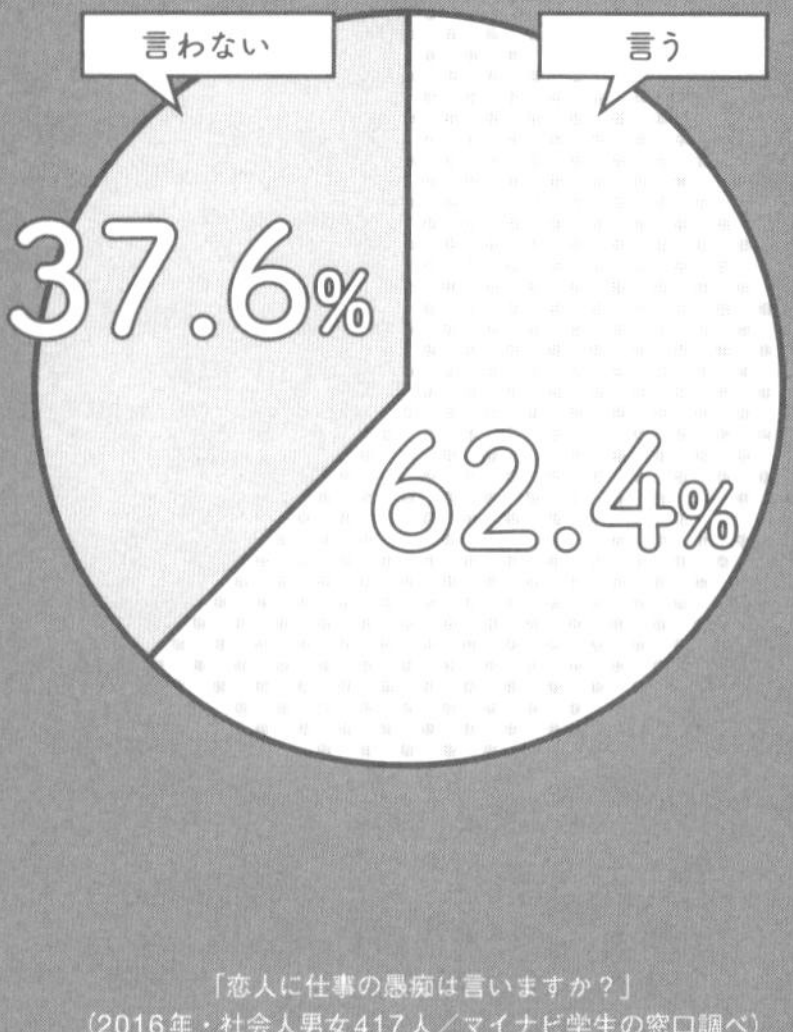

「恋人に仕事の愚痴は言いますか？」
（2016年・社会人男女417人／マイナビ学生の窓口調べ）

舌は人を破滅させる

――古代エジプトの諺

愚痴を止めたい場合には他人に話す代わりにノートや日記に記録することをおすすめします。やり方は簡単で愚痴を〝思いつくまま〟紙に書き出して行くのです。これを心理学では「思考の外在化」と呼んでいます。書くことはポジティブになれる行為なので、書いているう

愚痴
もともとは仏教用語で、「仏の智慧に暗いこと、ものごとの真実を知らないこと」「理非の区別のつかないおろかさ」を意味していた。その語源はサンスクリット語の「moha（モーハ）」で、中国語に翻訳されて「愚痴」となった。また「馬鹿」と訳される場合もあった。

思考の外在化
自分の目標や考えていることを紙に書き出すことを心理学では「思考の外在化」と呼んでいる。これは気づかなかったことや忘れていたことを明確にする目的がある。

ちに気分が晴れてきます。

また記録することで、「自分はこんなことを考えていたんだ」「こんなバカなことで悩んでいたんだ」と自分自身を冷静に見つめられます。ちなみにマインドマップは思考の外在化を体系化したものです。

愚痴や悪口をいう人には2種類のタイプがあります。1つは「愚痴がストレス解消になっているタイプ」です。このタイプはイライラや怒りが溜まると、それを愚痴と言う形で誰かれ構わずぶつけてしまいます。ぶつけた後は気分がスッキリするので、なかなか愚痴を止めることができません。しかし後で「迷惑だったんじゃないか」などと心配になってくるため、かえって不安な気持ちになってしまいます。

このタイプは他にストレス解消法を持っていないことが多いようです。そのため、愚痴を止めたいと考えたら、紙に記録すること以外に、

マインドマップ
イギリス人教育者、トニー・ブザンが考案したノート術。頭の中のアイデアや思考を「見える化」する方法。

運動や趣味など何か他のストレス解消法を見つけることも有効です。

もう1つは「愚痴が甘えになってしまっているタイプ」です。自分の味方になってほしい、自分の状況を分かってほしい……という気持ちが愚痴という形で現れるわけです。ただし最初は周囲の人たちも真剣に話を聞いてくれますが、度重なると敬遠されるようになり、他に聞いてくれる人を探す悪循環にはまってしまいます。

このタイプはまず問題を自分で前向きに解決しようとする姿勢が必要になります。紙に記録することで、「自分は何に怒っているのか」「どんな問題があるのか」「解決策はないのか」と建設的に考えられて、問題が整理され、単なる愚痴や悪口が「相談」に昇格します。これなら周りも受け入れやすくなり、敬遠されることがなくなります。

甘え
甘えには「協力を求める」と「依存」の2種類がある。前者は自分ができないことに関してだけ人に助けを求めるポジティブな行動。後者は相手に寄り掛かり、自分ができることまでも助けを求めるネガティブな行為だと言える。

SELF-HATRED

自分のこういう
ところが嫌い

自分がどう評価されているか心配

周りの目を気にしてしまう

約5人に1人が
他人の評価を
ひどく気にしている

Question

他人からの評価をひどく気にするほう

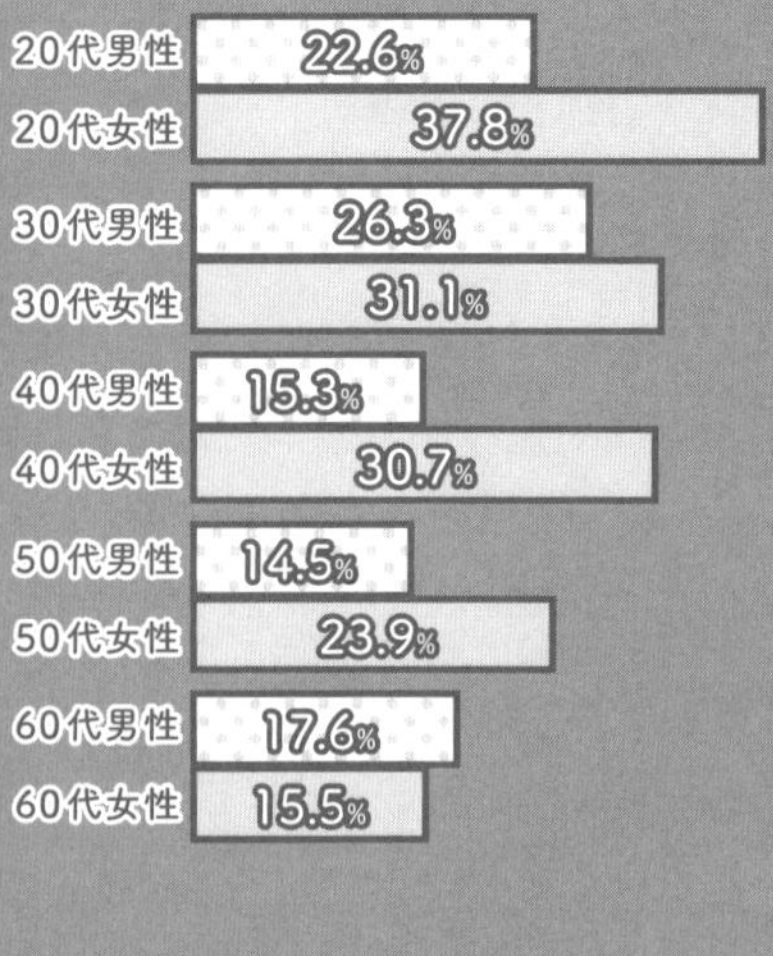

20代男性
22.6%
20代女性
37.8%
30代男性
26.3%
30代女性
31.1%
40代男性
15.3%
40代女性
30.7%
50代男性
14.5%
50代女性
23.9%
60代男性
17.6%
60代女性
15.5%

「他人からの評価をひどく気にする」調査
（2016年・20～60代の男女1387人／しらべえ調べ）

すべてが秤《はかり》ではかれるとはかぎらない

――デンマークの格言

周りの目を気にする原因として、「依存心の強さ」と「完璧主義」が挙げられます。

依存心の強さは、多くのケースで幼少期の親との関わり方が影響しています。親からの愛情が少なかった人は、他人に愛情を求めるようになり依存心が強くなります。その結果、人に嫌われたくなくて、自分を他人の物差しに合わせるという性格が形成されてしまいます。

完璧主義も大きな原因です。人から非難を受けたくない、できるだけ完璧でありたい、そういった意識が強い人は他人の評価がつねに気になるわけです。

他人の目を気にするということは、マズローの欲求5段階説で言えば、他人から価値を認められたいという「承認欲求」に当たります。その欲求が強すぎると、日常生活の言動に制限がかかってしまったり、失敗を恐れて事なかれ主義に陥ってしまったりと、さまざまな弊害が出てきます。

依存心の強さ、完璧主義といった性格を直す最大の近道は、「評価基準は人それぞれ」ということを理解し、それを肝に銘じることです。

他人の評価
オーストラリアの心理学者、アルフレッド・アドラーは「他人の評価に左右されてはならない。ありのままの自分を受けとめ、不完全さを認める勇気を持つことだ」と述べている。

マズローの欲求5段階説
アメリカの心理学者、アブラハム・ハロルド・マズローが発表した欲求に関する説。それによれば人間の欲望は、生理的欲求、安全欲求、社会的欲求、承認欲求、自己実現欲求の5つに階層化されているという。

たとえば仕事でも「ていねいさ」を重視する上司がいれば、「仕事の早さ」を高く評価する上司もいます。またファッションでも街を歩く人の好みはさまざまです。それらすべての人に自分を合わせることはできないし、無理に合わせようとすればおかしなことになってしまう、と理解するべきです。

また「得意分野を持つ」ということも重要です。「これなら人に負けない」という分野があれば、自分自身に自信を持つことができ、周りの目も気にならなくなります。

さらにみんなから評価されることよりも、自分自身が好きで自分の成長が楽しい、活動そのものが楽しいという「内発的モチベーション」が大事です。「他人がどう思おうと自分の評価基準はこれ」という物差しを持つことができれば、他人の目は気にならなくなります。

内発的モチベーション

自分の内面にある欲求にもとづいた動機づけ。これに対し、賞罰、お金、名誉など外部から与えられる刺激を基準にした動機づけを「外発的モチベーション」と呼ぶ。

SELF-HATRED

自分のこういう
ところが嫌い

怒りっぽい性格で他人との衝突も多い
ちょっとしたことで頭に血がのぼる

日常生活で苛立ちを感じる人はなんと65.0％以上

Question

日常生活の中で、
イライラを感じることはありますか？

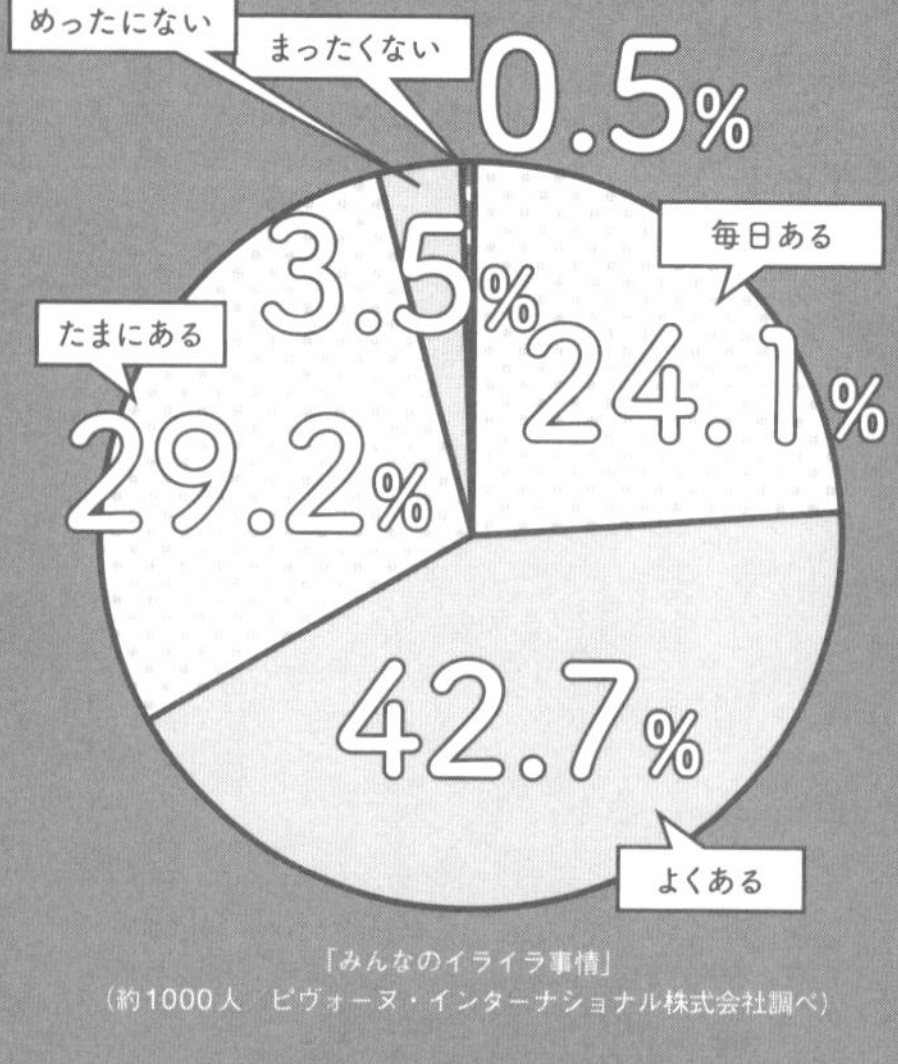

めったにない
まったくない
0.5％
3.5％
毎日ある
24.1％
たまにある
29.2％
42.7％
よくある

「みんなのイライラ事情」
（約1000人　ピヴォーヌ・インターナショナル株式会社調べ）

怒りを克服することは、最大の敵に打ち勝つことだ

——Publilius Syrus

プブリウス・シルス

他人のちょっとした言動に腹を立てる、仕事が行き詰まるとイライラする——このようにすぐ頭に血がのぼってしまう性格は、考え方を変えることで治せます。怒りっぽい人が陥りやすい考え方とは、「人や物事に対する過度の期待」と損失回避性による「被害者意識」です。

プブリウス・シルス

古代ローマの喜劇作家。著書に『格言集』など。

損失回避性

損失回避性とは、損失を利益より高く評価する人間心理のことで、これが大きい人ほど被害者意識が強い傾向がある。こうした人はわずかな損失でも大きな被害を受けたと考える。プライドが高い人や時間・精神的に余裕のない人ほど、この感情を抱きやすい。

人や物事に対する過度の期待とは、たとえば他人に親切にしてあげたのにお礼を言われなかったら「なんと失礼な」と憤慨してしまうようなことです。人間は他人に勝手な期待を抱いて、それが裏切られると怒りに悩まされるものなのです。

そのような場合、「親切は回り回ってどこかで帰ってくるものだ」「相手はきっと恥ずかしくてお礼が言えなかったのだろう」などと考えてみてください。怒りは静まって心が落ち着いていくはずです。要は考え方を変えること。他人や物事に対する過度の期待をやめれば、すぐ頭に血がのぼることも減り、穏やかな性格になれるのです。

もう1つの原因である被害者意識とは、会社などで自分が大変な仕事を抱えたときに「なんで私だけ」「みんながやらないから私に回ってきた」と考えてしまう意識です。

被害者意識を持つと心に負のエネルギーが増大し、さらにイライラや怒りが大きくなってしまいます。だからこそネガティブな意識は早めに頭の中から消し去る必要があります。対処法としては、こちらも「評価されているから仕事をたくさん任される」とか「自分のスキルを上げるよい機会だ」といった具合に考え方を転換することです。

試しに目を閉じて、良い思い出や楽しかった経験を思い出してみましょう。記憶の上書きをするのです。経験はどんどん上書きされるので、幸せな記憶を楽しむことで嫌な記憶は自然と消えていきます。

近年日本では怒りと上手につきあう方法「アンガーマネジメント」が注目されています。怒りは自分でコントロールするもの。考え方や価値観を広げていけば、怒りと上手につきあって行けるはずです。

記憶の上書き

記憶の上書きは「干渉」と呼ばれている。失敗など嫌な経験は強い感情を伴うため記憶に残りやすいが、楽しかったり幸せだったりといった記憶をインプットすれば、それを上書きできることが脳科学の研究で分かっている。

アンガーマネジメント

怒りを予防しコントロールするための方法や心理療法プログラム。1970年代にアメリカで生まれたとされている。最近では日本でも注目が高まっていて、企業の社員研修などにも導入されている。

SELF-HATRED

自分のこういうところが嫌い

人前に立つだけでガチガチになってしまう

あがり症ですぐ緊張する

8割の人があがり症。緊張しない人は2割以下でしかない

Question

あなたは緊張しやすいタイプ？

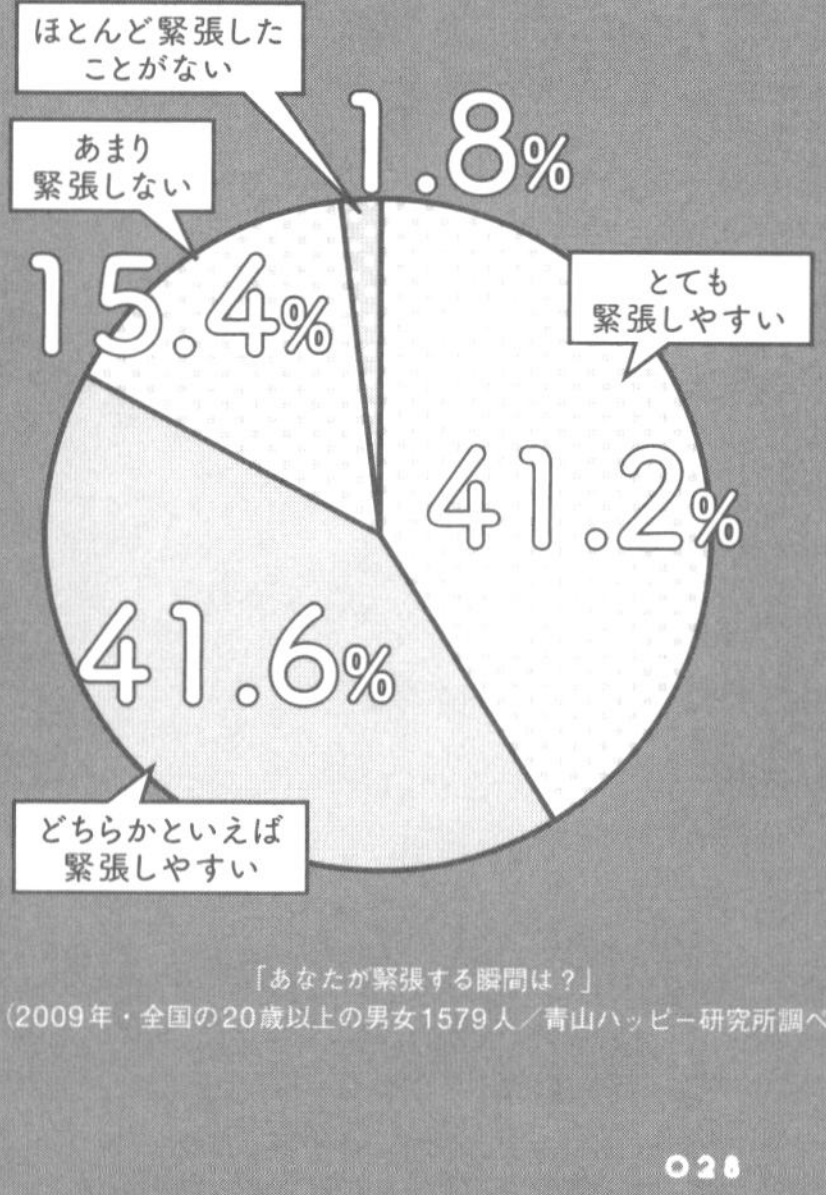

ほとんど緊張したことがない
1.8%
あまり緊張しない
15.4%
とても緊張しやすい
41.2%
41.6%
どちらかといえば緊張しやすい

「あなたが緊張する瞬間は？」

（2009年・全国の20歳以上の男女1579人／青山ハッピー研究所調べ）

一度も失敗をしたことがない人は、何も新しいことに挑戦したことがない人だ

――Albert Einstein
アルベルト・アインシュタイン

あがり症の原因の1つに「他人が自分をどう見ているか気になる」があります。この意識が強い人は緊張しやすく、「失敗したら恥ずかしい」「笑われるのではないか」などと考えて、体がガチガチになってしまいます。こうした意識を心理学では「公的自己意識」と呼びます。

アルベルト・アインシュタイン
理論物理学者。生まれはドイツ。一般相対性理論、相対性宇宙論など画期的な理論を提唱し、世界的に知られている偉人。

公的自己意識
自己意識には自分の感情や気分、考え方に注意を向ける「私的自己意識」と、他人が自分をどう見ているかに向ける「公的自己意識」の2つがある。後者は他人に観察されることによって高まり、緊張や不安の原因になる。

さらに他人の目を気にする人は「失敗する自分」といったネガティブなセルフイメージを抱きやすいと言えます。つねにネガティブな考えを抱えているため、物事を悪いほう、悪いほうへと考えてしまうのです。

あがり症の人は自分のネガティブさをポジティブさに変える必要があります。たとえば「スピーチで笑われる自分」ではなく「盛大な拍手を受ける自分」といった具合です。また「失敗しても死ぬわけじゃないし」ぐらいの思考で楽観的にいることも大切です。

人前で緊張するもう1つの原因は、あがらないようにしようと、「集中」してしまうことです。誰でも「落ち着け、落ちつけ……」と緊張を抑え込もうとすれば逆に緊張が高まってしまいます。

そんなときは無理に自分を落ち着かせようとせず、いったん目の前

セルフイメージ
自分が思い描く自分自身のイメージ。セルフイメージは現実の自分に大きな影響を与える。たとえば自分は内向的な性格だというイメージを持つと、人前で話すことが苦手になるという。

のことは忘れて腹式呼吸をしたり、ストレッチをしたりするとよいでしょう。ガチガチになった体と心がほぐれることで緊張が自然に収まっていきます。

また、スピーチやプレゼンで緊張する人は「反復練習」が重要になってきます。自分が話すことは一度紙に書いて何度も声に出して覚えるようにしましょう。要は「体に覚えさせる」わけですが、入浴中や、寝る前のベッドの中など、リラックスした状態で行うと効果的です。その結果、鼻歌のように口から言葉が出てくるようになればOK。体で覚えているので、たとえ本番であがってしまっても自然に話を続けられるようになります。そして一度スピーチがうまくいけば、「成功体験」が脳にインプットされ、人前で話すことに自信が持てるようになるでしょう。

腹式呼吸　一種のリラクゼーション技術。一般的なものは背筋を伸ばし、数秒かけてゆっくりと息を口から吐き、いったん息を止め、次に鼻から数秒かけてゆっくりと息を吸う。これを繰り返す。

SELF-HATRED
自分のこういうところが嫌い

身近な人の言動が気になってしまう
恋人や他人への嫉妬が止まらない

嫉妬心が全然ないと回答した人はわずかに18.0％

↓

Question

あなたは自分の彼女、またはパートナーに嫉妬心を抱いたことはありますか？

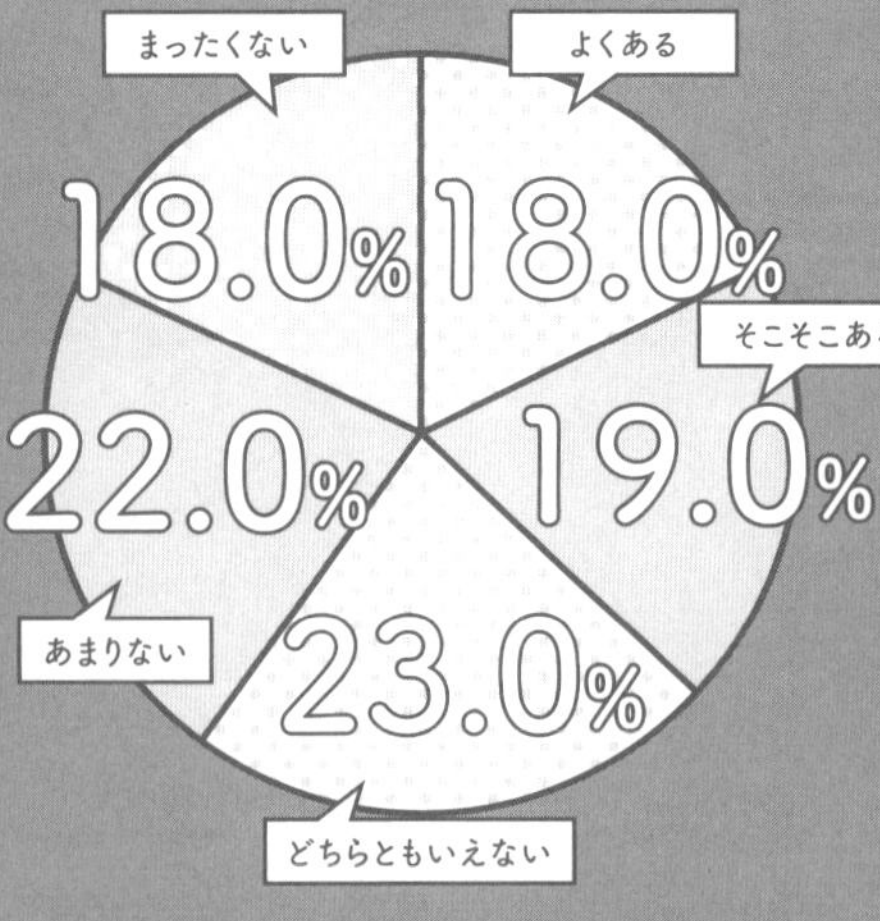
よくある
18.0%
そこそこある
19.0%
どちらともいえない
23.0%
あまりない
22.0%
まったくない
18.0%

「彼氏はどれくらい嫉妬する？」

（2017年・男性100人／Lips調べ）

嫉妬は、不幸の中でも最大の不幸である

―― François VI, duc de La Rochefoucauld

ラ・ロシュフーコー

嫉妬には2種類あります。1つは同性に対して抱く「妬《ねた》み」。もう1つは異性に対して抱く「独占欲求」です。

同性への妬みは自分を発展させる原動力となることがあります。そこでおすすめしたいのが悪い妬みを良い妬みに変えることです。

ラ・ロシュフーコー
17世紀のフランスの貴族・文学者。著書に『箴言集』。

同性への嫉妬の原因は「自分より幸せな人が憎らしい」といった感情です。これは「自信のなさ」から生じます。自信のない人は他人と自分とを比べてしまいがちです。たとえば「あいつは僕より成績がよい」「自分より金持ちだ」といった具合です。こうした比較は何のプラスにもならず、それが高じると他人に対する怒りに発展します。

そこで悪い妬みを良い妬みに変えるためには、「妬みの対象となっている人の優れている点を認める」「自分がそのレベルまで上がるためにはどうしたらよいか考える」という2つを心がけてください。

つまり妬みをネガティブではなく、ポジティブに捉えることで、逆に自分を高める努力をするわけです。

次に異性に対して抱く独占欲求は、彼女や彼氏を自分だけのものにしたい、束縛したいという感情です。最初は単なるヤキモチから始まり、やがて「誰かに取られてしまうのでは」という被害妄想的な不安を抱いてしまうわけです。

その原因は「相手との信頼関係の弱さ」にあります。もし2人の間に強い絆があれば嫉妬は生まれません。信頼関係を築くためにはまず相手を信用することが大切です。まずはとことん相手を信じることから始めてみましょう。どうしても我慢できないことがあれば、相手にそれを正直に話すことです。たとえば「男友達と2人で飲みに行くのはちょっと心配」などと自分の感情を吐露してしまうのです。そうした正直さも絆を強めるきっかけになります。

また、異性に対する嫉妬は、同性に対する嫉妬と同様に「他人との比較」も原因になります。「自分は彼女（彼氏）にとって一番の人間だ」と自信を持ち、他人と自分を比べることはやめましょう。

被害妄想

実際にはそういった状況ではないのに、他人から嫌がらせをされたり、バカにされたり、危害を加えられたりしていると思い込むこと。被害妄想は不満や怒りを伴うことが多い。

異性に対する嫉妬

アメリカの心理学者、ディビッド・バスの調査・研究によれば、男性は女性の性的な浮気に嫉妬心を抱き、女性は男性の精神的な浮気に嫉妬心を抱く傾向があるという。

SELF-HATRED

自分のこういうところが嫌い

フラストレーションが溜まってイライラしてしまう

ストレス発散がうまくできない

日常のストレスを発散できている人は28.3％にとどまる

Question

ストレスをうまく発散できている？

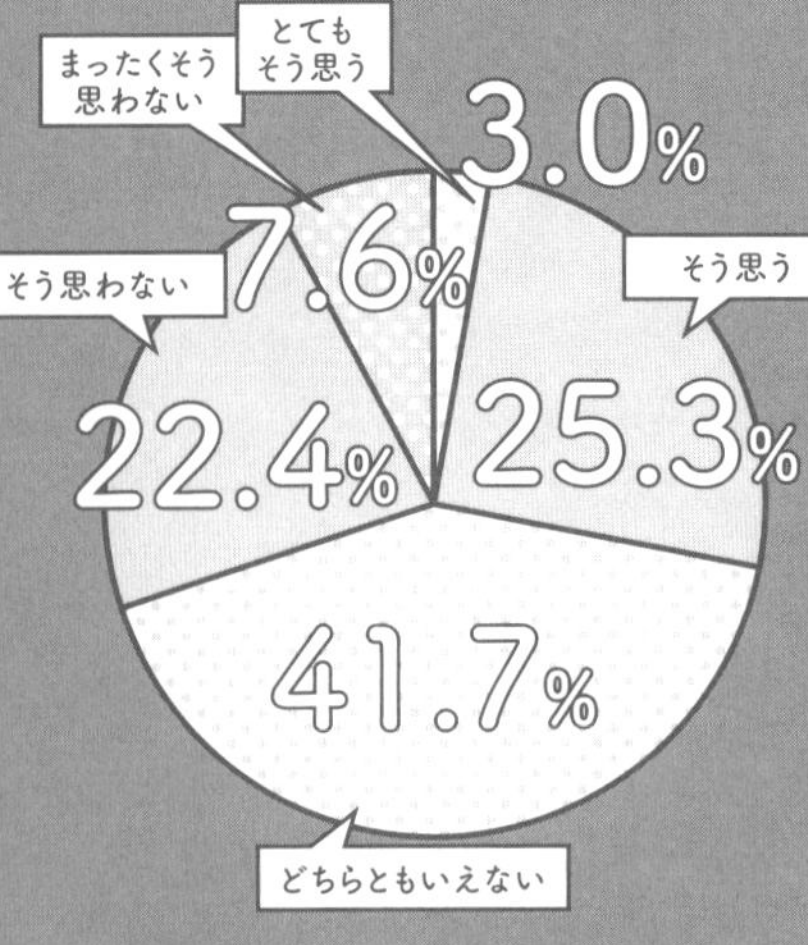

とてもそう思う
3.0%
そう思う
25.3%
どちらともいえない
41.7%
そう思わない
22.4%
まったくそう思わない
7.6%

「ストレス発散できてますか？」調査
（2017年・20〜59歳の男女2125人／インテージ調べ）

人はストレスのもとで考えることを嫌うもの。故にストレスを感じるときこそ、しっかりと冷静に考える必要がある

――William Jefferson "Bill" Clinton
ビル・クリントン

放っておくと徐々に体を蝕むストレス。冒頭の調査データでは「解消できている」という人が3割以下という結果が出ました。
ストレス解消がうまくいかない大きな理由として、「ストレス解消法が逆にストレスになっていること」が挙げられます。

ビル・クリントン
アーカンソー州司法長官、知事を経て、1993年に第42代アメリカ合衆国大統領に就任。2期8年を務める。

ストレス
ストレスという言葉を医学用語として初めて使用したのは、オーストリアの生理学者・ハンス・セリエだ。彼はストレスを、人間が環境の変化や刺激に対応する際に生体に起こるさまざまな現象と定義した。

たとえば、モヤモヤを晴らすためスポーツジムで汗をかいたところ、かえって疲れて次の日はダウン。また、気分転換のお酒でついつい飲み過ぎてしまい、翌日に二日酔い……なんて笑えない話もあります。

じつはこれらに共通しているのが「ストレス解消を一生懸命行ってしまう」ことです。本来、運動や趣味は適度に行うもの。やり過ぎやしたくないことをすると逆効果になります。さらに言えば「何かをしよう」ではなく、逆に「何もしない」ほうがストレスは解消されます。一日何もせず家でボーッとするというのも有効な方法です。

また、気持ちや体の切り替えがうまくできていないことも問題です。たとえば仕事の休憩時間に気分転換として会社近くの喫茶店に行っても、仕事のことが頭から離れず結局気休めにならなかった……なんてことがあります。この場合は会社、つまりストレスの元凶である「ストレッサー」が近くにあるため、気持ちの切り替えがうまくいかないのです。ストレスを解消する場合は、その原因からできるだけ遠ざかってください。同様に家に仕事を持ち帰らない、自宅ではスマホの電源をオフにするなど、元凶を完全にシャットアウトするのも効果があります。

さてここまで紹介してきた原因から、ストレスを解消できないタイプは「真面目な性格の人」だということが分かります。このタイプはストレスを抱えても「これくらい我慢しなきゃ」「まだまだ大丈夫」と考えてしまい、さらに頑張ってしまいます。こうしたタイプは「自分に対して厳しい」人が多いので、逆に「自分を甘やかす習慣」を身につけるとよいでしょう。ストレスは重大な病気を引き起こす危険な存在です。早めの対処を心がけてください。

ストレッサー
体や心にストレス反応を起こす原因のこと。仕事や人間関係、家庭内の問題、ローンなど金銭的問題を始め、さまざまな事柄がストレッサーになる。

重大な病気
ストレスは血圧を上昇させたり、血液を凝固させやすくすることが知られている。その結果として心筋梗塞や脳卒中を引き起こしてしまう。

SELF-HATRED

自分のこういうところが嫌い

何事もあれこれ悩んで選べない 優柔不断な自分が嫌い

経営者に求められる大切な資質は決断力という結果に

Question

経営者にとって必要な資質って何？

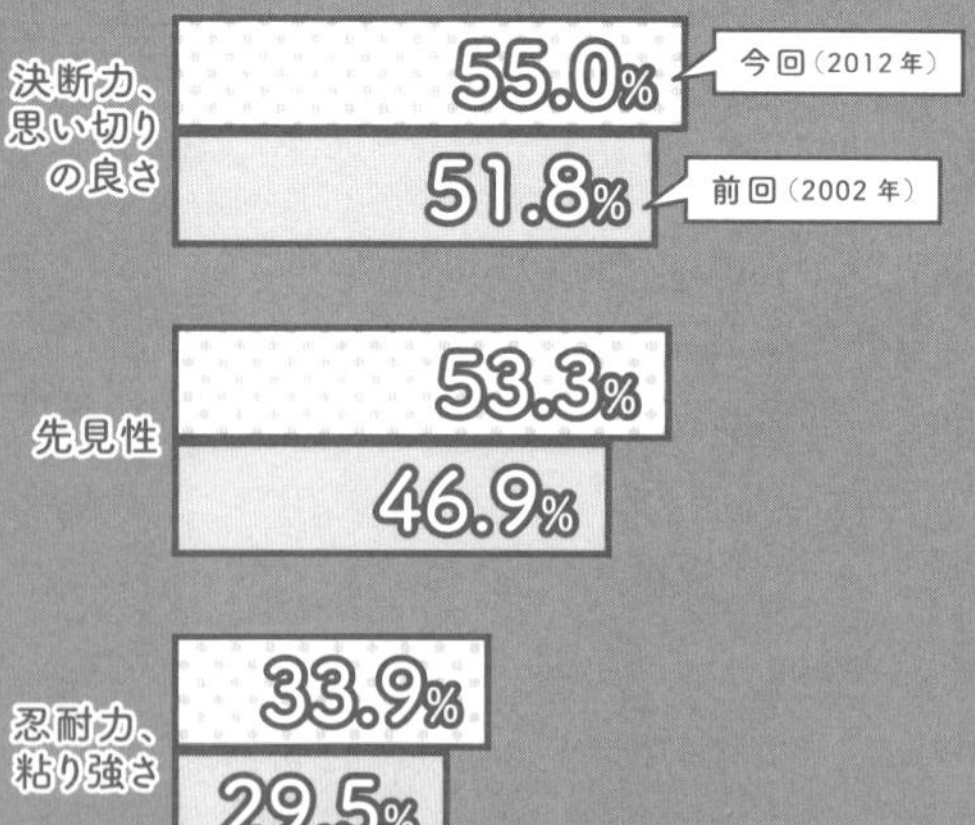

決断力、思い切りの良さ
55.0%
今回（2012年）
51.8%
前回（2002年）
先見性
53.3%
46.9%
忍耐力、粘り強さ
33.9%
29.5%

「経営者1万人アンケート」
（2012年・経営者10000人／大同生命保険）

世には、なにひとつまともなことを企てないがゆえに、あやまつことも全然ない人びとがいる

——Johann Wolfgang von Goethe
ゲーテ

優柔不断の原因に、自分の選択に自信が持てないというものがあります。自分の選択に自信が持てないのは、単純に経験値不足か、その対象に対する知識不足である可能性が高いのです。つまり、経験と知識を高めることにより、迷わずに選択できるようになります。

ゲーテ
ドイツの詩人・劇作家。小説『若きウェルテルの悩み』、詩劇『ファウスト』などの作品を残した。

優柔不断な人は、周りの人の意見に流されることも多いようです。しかし、人の意見を聞いてばかりでは優柔不断を治すことはできません。自らの判断で選択したことは、それだけで経験につながりますが、人の意見ばかり聞いていては、なかなか自分の経験として蓄積されません。これは、いつも誰かに連れて行ってもらった場所への行き方をいつまでも覚えられないのと似ています。

たとえば二者択一の選択があったとします。AとBという選択肢を比べる際に参考材料となるのが、それぞれが有しているメリットです。メリットが大きいほうを選ぶのが普通ですが、なかにはリスクが小さいほうを選ぶのが正解というシチュエーションもあります。選択という行為には、メリットやリスクを比較して判断する力が働いているのです。この判断力は、経験や知識が豊富になるほど自然と高まり、そ

選択肢
二者択一だけでなく、選択肢が豊富にあるシチュエーションも人を迷わせる。その場合は、優先させる条件を絞ってから、その条件に合わないものを消去法で削っていき、選択肢を少なくしてから選べば迷いは少なくなる。

れにより自信を持って直感的に選択することが可能になります。
また、優柔不断な人の多くは、「ツァイガルニク効果」にもとづいて間違いや失敗を恐れる傾向にあります。自分の選択から生じるリスクに不安を感じて、なかなか選ぶことができないのです。これには「失敗することは悪いことではない」という、ちょっとした考え方の転換が必要です。たとえ自分の選択がそのとき間違っていたとしても、失敗から多くのことを学ぶことができるため、それ以降の判断がより正確になります。
そもそも選択に失敗はつきものです。どれだけ判断力がある人でも時には失敗もします。失敗を恐れすぎず、トライ&エラーをくり返すことで、正しい判断力、またそれに裏打ちされた迷いのない決断ができるようになるはずです。

直感
直感には問題の有効な解決方法を知り、意思決定を行う能力を含んでいるとされる。アメリカの認知心理学者であるゲイリー・クレインは、時間の制限が厳しい状況、かつ判断がもたらす結果の影響が大きい状況で、専門家は経験をもとに過去の同様の状況を短時間に判別し、可能な解決方法を直感で導き出すことを発見した。

ツァイガルニク効果
ロシアの心理学者ツァイガルニクの研究によると、人は達成できなかった事柄や中断している事柄のほうを、達成できた事柄よりもよく覚えているという。

第2章

てあります

WEAK-POINT

どうしても
できないことっ

苦手意識は思い込みによって
自分が決めつけている場合も

暗記することが苦手、運動音痴、食べ物の好き嫌いが激しいなど、苦手なものをどんどん自分から遠ざけて避けていませんか。実はこういった苦手なものは、自分自身の思い込みや自意識が関係している場合が多いのです。苦手意識として重いフタとなっている思い込みや自意識をほんの少し変えてやることで、苦手意識を軽減することができます。自分には無理だと簡単に決めつけずに、考え方を変えてみる。そんなちょっとしたコツをこの章では紹介していきたいと思います。自分の弱点を克服することで、これまで見えていなかった新たな道を発見できるかもしれません。

WEAK PONT

どうしてもできない
ことってあります

全然覚えられなくて困ってしまう

暗記が得意でない

苦手

暗記が苦手な人が大多数。得意な人は少数派

Question

暗記は得意ですか？ 苦手ですか？

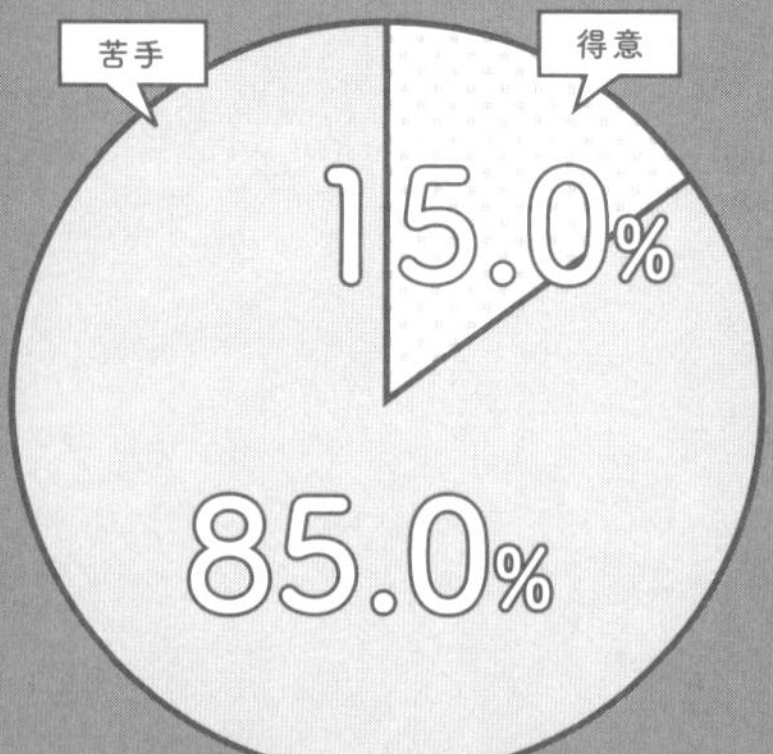

「暗記について」
（2015年／オンスク.JP調べ）

記憶は精神の番人である

——William Shakespeare シェークスピア

暗記が苦手な最大の理由は「自分は暗記が苦手だ」という思い込みにあります。思い込みが続くとそれが深層意識となって心の中に根づきます。深層意識がネガティブな場合、それが自分の意志に関係なく能力を「萎縮」させてしまう原因になることがよく知られています。

シェークスピア イギリスの劇作家・詩人。代表作に『マクベス』などがある。

深層意識 普段心の奥底に沈殿していてなかなか表に出てこない意識。自覚するのが非常に難しいのが特徴だ。深層意識に対して普段表に出ていて自覚できる意識を表層意識と呼ぶ。

萎縮しているがゆえ、効果的な暗記法を試すこともなく、いざ覚えようとするときでも、うまく頭を働かせることができません。

暗記が苦手な人は自分に合った暗記法を見つけることが必要となります。それにより暗記が得意になれば苦手意識が次第に消え、深層意識もポジティブなものへと変わっていきます。

では暗記が得意な人はどのような方法を用いているのでしょうか。たとえば彼らは「鳴くよウグイス平安京（７９４年）」のように、物事を覚えるときに面白いゴロ合わせをしたり、仲間と問題を出しあって覚えたりといったような独自の工夫をしています。

さらに覚えたいことを何か別のこと、たとえばエピソードやイメージと関連づけることで暗記力を高めています。脳科学ではこれを「エピソード記憶」と呼んでいます。たとえば「argument（＝議論）」

エピソード記憶
個人が経験したことに関する記憶。出来事の内容に加えて、そのときの風景や自分の心情など、付随情報とともに記憶される。これに対して、内容のみの記憶は「意味記憶」と呼ばれている。

という単語を覚えるときは、身近にいる人で議論好きな人と関連づけるのです。具体的にはargumentを覚えるときに、その人が議論をしているシーンを一緒にイメージします。たったこれだけで格段に単語が覚えやすくなります。

さらに暗記上手は、何度も繰り返すことで記憶を脳に定着させます。「エビングハウスの忘却曲線」というグラフがありますが、それによれば人は何かを覚えたとき、20分後に42%、24時間後に67%、1カ月後に79%忘却するとされています。

この忘却を防ぐためには、何度かに分けて暗記する必要があります。たとえば夜覚えたことは、翌朝に復習。さらに数日後にもう一度復習をする、といった具合です。こうした方法であなたも暗記の達人になることができます。

エビングハウスの忘却曲線 ドイツの心理学者、ヘルマン・エビングハウスが発表した曲線。記憶が時間とともにどれだけ薄れるかを数値化したもの。

WEAK PONT

どうしてもできない
ことってあります

健康が心配だけれど体を動かすのが嫌い

運動が苦手

定期的な運動を
していない人は
5割以上もいる

↓

Question

定期的な運動・スポーツの
実施有無について

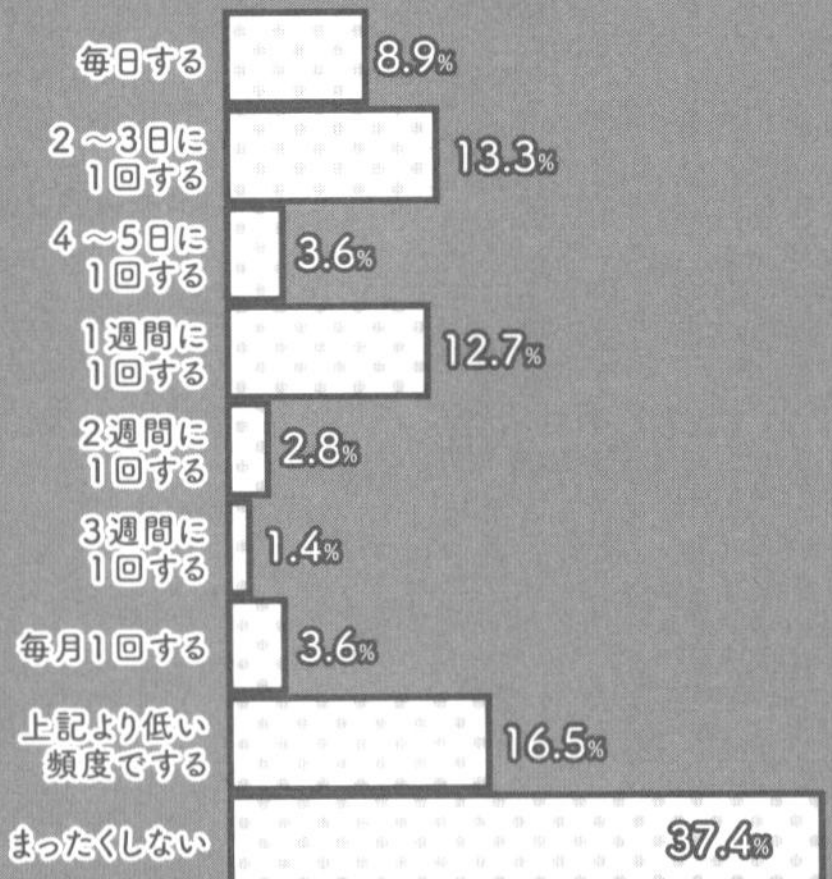

毎日する 8.9%
2～3日に1回する 13.3%
4～5日に1回する 3.6%
1週間に1回する 12.7%
2週間に1回する 2.8%
3週間に1回する 1.4%
毎月1回する 3.6%
上記より低い頻度でする 16.5%
まったくしない 37.4%

「スポーツに関する調査」
(2017年9月・20代～60代の男女1000人／楽天インサイト調べ)

はじめから
やってみようとしないか、
やり遂げるか、いずれかだ

――Publius Ovidius Naso
オウィディウス

体を動かすのが得意になるためには、コンプレックスや過剰な自意識を除去するのがもっとも効果的です。

私たちが手や足を動かすとき、「この方向に、このタイミングで動かせ」という運動指令が大脳皮質の運動野から発せられます。つまり体

オウィディウス
帝政ローマ時代の詩人。著書に『愛の技術』など。

を動かすことは脳と密接な関係を持っているのです。しかし脳にさまざまな制限がかかっている場合、その指令がスムーズに遂行されず、体を思い通り動かせなくなってしまいます。

たとえば「子どものころ、球技ができず友達からバカにされた」といった体験を持つ人は、そのときのトラウマが原因で「自分は運動音痴だ」と思い込んでしまい、それがリミッターになって運動から遠ざかってしまいます。また「ランニングをしたいのだけれど、他の通行人の目が気になってできない」といった場合、恥ずかしい、格好悪い自分を見せたくないという意識がリミッターになっています。

これらのコンプレックスや過剰な自意識は、一朝一夕には除去できません。それを取り除き嫌いな運動を好きに変えるには、簡単な運動から始めて少しずつ成功体験を積み重ねていくことが大切です。

リミッター
自動車で加速を制限するためにエンジン出力を制御する装置。転じて心を制限するものなどの意味で使われる。

コンプレックス
精神分析で使われる言葉・概念。無意識のイメージが感情を伴い、複合している状態。現実の行動に大きな影響を与える。エディプスコンプレックスやマザーコンプレックスなどさまざまな種類があるが、日本では「インフェリオリティーコンプレックス＝劣等感」の意味で使われることが多い。

たとえば最初はウオーキングでＯＫ。今日は２km歩いた、明日は３km歩こう、次は走ってみようといった具合に、徐々に距離や負荷を増やし、「自分はできる」という意識を高めていくのです。また人目が気になる人は、早朝など時間に工夫をすれば、恥ずかしいという気持ちになることもありません。こうして運動を日常生活の中にうまく取り入れ、体が軽くなってきたら、次に自分のやりたいスポーツを始めるとよいでしょう。きっと自分が思っている以上に体が動くため、運動が好きになっていくはずです。

一方、体を動かすのが面倒くさいといった人は自分が好きなことと運動をミックスするとよいでしょう。たとえば音楽が好きなら、家でヘッドフォンをして自分の好きな音楽を聴きながら体を動かしてみるといった具合です。これにより面倒な気持ちを効果的に軽減できます。

WEAK PONT

どうしてもできない
ことってあります

偏食が激しい

食べ物の好き嫌いが多くて恥ずかしい

好き嫌いがある人は
わずか17.0%と
じつは少数派だ

Question

食べ物の好き嫌いが多い

食べ物の好き嫌いが多い 「あてはまる」「ややあてはまる」の合計17.0% 「あまりあてはまらない」「あてはまらない」の合計63.0%

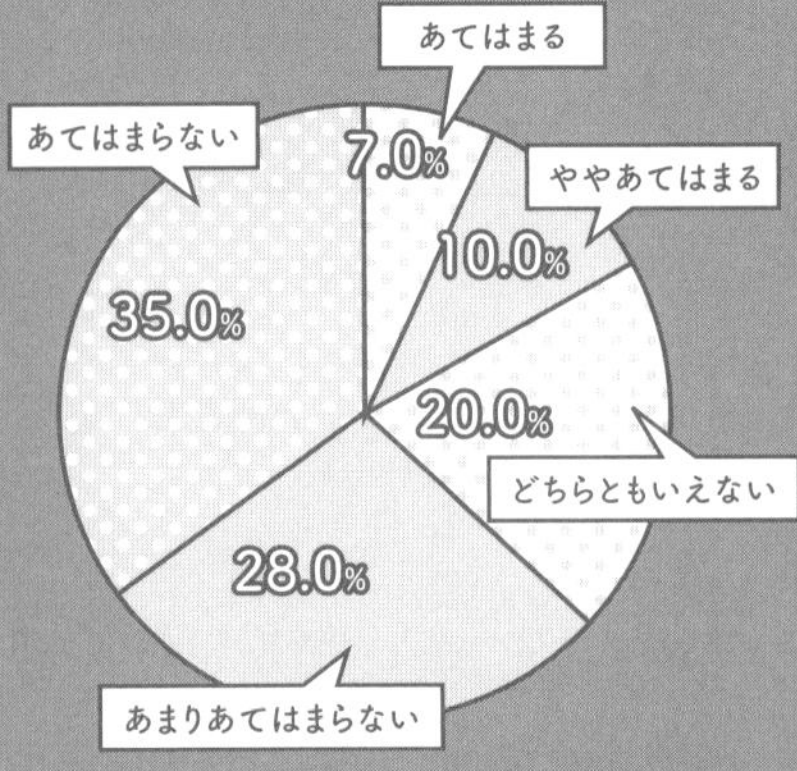

あてはまる
7.0%
ややあてはまる
10.0%
どちらともいえない
20.0%
あまりあてはまらない
28.0%
あてはまらない
35.0%

「日本人の食」調査
（2015年・全角15〜79才男女2400人／日本リサーチセンター調べ）

食欲は食べるにつれて出てくる

——François Rabelais
フランソワ・ラブレー

食べ物の好き嫌いの一番の原因は、その食べ物にまつわる「嫌な経験」です。これに関してはネズミを使った実験があります。実験用のネズミに経験したことがない新しい味のエサを与え、その後嘔吐剤を注射すると、ネズミはそのエサを二度と食べなくなるというのです。

フランソワ・ラブレー
フランスのルネッサンス期の医師、作家。著書に『ガルガンチュワ物語』など。

これは味覚嫌悪学習という実験なのですが、食べ物は嫌な経験とともに脳に記憶されるということがよく分かります。人間も同様に、「食欲がなかったのに親に野菜を無理矢理食べさせられた」「体調が悪いときに魚を食べたら、変な味がして下痢をした」など、嫌な経験があると、その食べ物を嫌いになってしまいます。

対策としては、嫌な経験と食べ物の味覚、におい、見た目などを切り離すことです。ニンジンをすりおろしてお菓子やカレーに入れ、ニンジン嫌いな子どもに出したら、食べられるようになったという話をよく聞きます。また肉が嫌いだったけれど、ひき肉にしたら食べられるようになった例もあります。つまり調理法を変えることで嫌悪感がなくなる場合があるのです。その方法は以下の3つにまとめられます。

①食感が嫌いな場合は、大きさや切り方、調理法を変えて食べる。

味覚嫌悪学習
食べ物の好き嫌いの原因は、見た目や味、匂い、歯ざわりなどさまざまだ。その食べ物を口に入れた後に、嘔吐や吐き気、腹痛などの不快さを経験すると、その食べ物が嫌いなる。この現象のことを味覚嫌悪学習と呼ぶ。または発見者の名前をとってガルシア効果とも呼ばれている。

②においが嫌いな場合は、よりにおいの強いものと一緒に調理する。
③見た目が苦手な場合は、好きなものと一緒に食べる（たとえばカレーなど）。

さらに大人の場合、嫌いな食べ物にどのような栄養があるのか、体にどのような良いことがあるのかを調べてみるのもよいでしょう。生活習慣病を予防する、頭が良くなるなどのメリットを知ることで、その食べ物に対するイメージが向上します。

ただし無理やり食べるのは厳禁です。かえってトラウマになり、これまで以上に嫌いになってしまうからです。またアレルギーなどの心配もあるので、嫌いな物を食べる場合、心配なら事前にかかりつけの医師に相談するのがよいでしょう。

トラウマ
精神的外傷と訳される。人間は外的・内的要因により、精神的・肉体的にショックを受けるとトラウマを抱えてしまい、長い間それにとらわれてしまう状態になってしまう。

WEAK PONT
どうしてもできない
ことってあります

目的地になかなかたどり着けない
方向音痴で よく道に迷う

80％以上が
大人になっても
迷子の経験あり

↓

Question

大人になって道に
迷ったことはありますか？

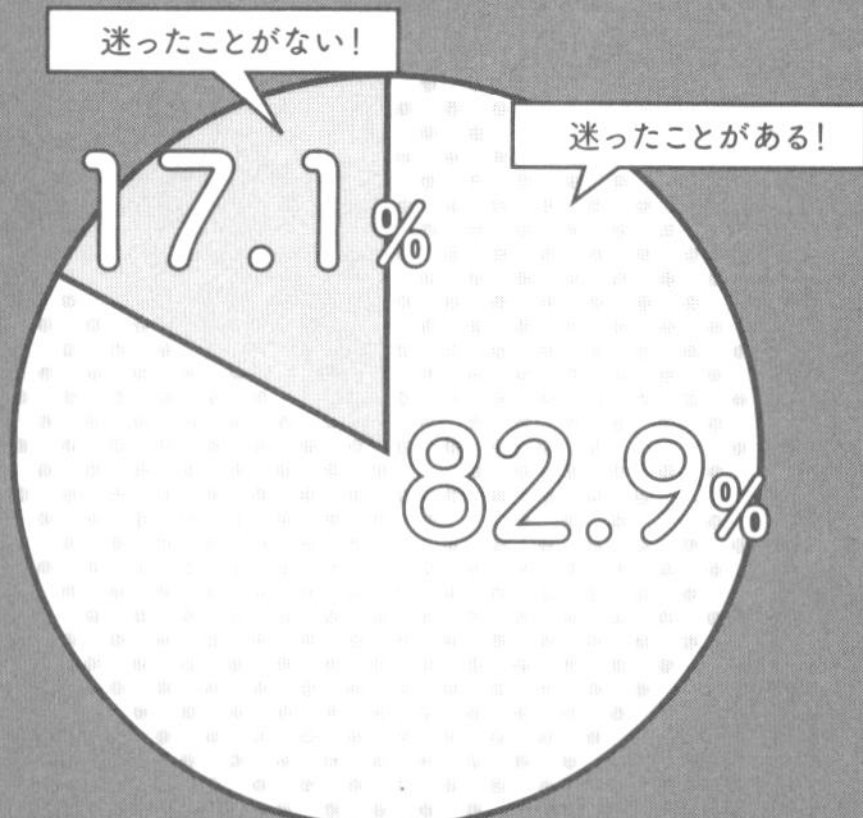
迷ったことがない！
17.1%
迷ったことがある！
82.9%

「地図利用実態調査」
（2016年・20歳以上の男女20000人／ゼンリン調べ）

濡れるのを恐れる者は鱒《ます》がとれない

――スペインの諺

方向音痴の原因については、脳の空間記憶が関係しているのではと考える向きもありますが、じつはまだよく分かっていません。ただ方向音痴の人と、方向感覚に優れた人には大きな違いがあるため、後者の行動を学ぶことで方向音痴をある程度改善できます。

空間記憶
家に帰る、目的地に向かうなど日常生活で駆動する記憶が「空間記憶」と呼ばれるものだ。この空間記憶は脳の海馬が司っていることが分かっている。

方向感覚に優れた人は、「ランドマーク」を意識しています。ランドマークとは、たとえば遠くに見える高層ビルや山です。一度ランドマークを見つけておけば、自分が向かっている方角や距離が分かるので、道に迷うことも少ないのです。

また方向感覚に優れた人は、観察力に秀でています。つねに曲がり角を確認し、その角をどちらの方向に曲がったのかをしっかり頭に入れているのです。さらに「公園があった」「体育館の横を通った」など、周囲の風景もよく覚えています。だから初めての土地でも来た道を迷うことなく戻ることができるのです。

こうした能力はすぐに身につくものではありませんが、日々意識し習慣化することで、少しずつ方向感覚が向上します。

方向音痴の人はこの能力に欠けているため、自分が立っている位置や方角を正しく把握できず迷子になります。以下は方向音痴の人がよく経験することです。

・地図を見て歩いているのに間違った方向に行ってしまう。
・道を戻る際に、来た道順が分からなくなる。
・初めての場所では東西南北が分からなくなる。
・地下に入ると出口が分からなくなる。

このように道に迷う原因としては、自分の勘を頼りにして行動するという点が挙げられます。「たぶんこちらの方角だろうな……」「だいたい200mぐらい先かな」と地図で確認せず進むわけです。これも道に迷う大きな原因の1つで、方向感覚を高めるには「自分の勘には頼らない」クセを持つべきなのです。なお方向音痴に関しての男女差は心理学の研究でも明確な違いは出ていません。

男女差
男性は右脳派、女性は左脳派が多く、空間認識能力は右脳が使われるため、方向音痴は女性が多いと言う説がある。しかしながら上記の通り、実際男女差はほとんどないようである。

WEAK PONT

どうしてもできない
ことってあります

いざ書こうとすると思考が停止してしまう

文章がうまく書けない

苦

文章を書くのが苦手な人は半数以上にも

Question

文章を書くのは好きですか?

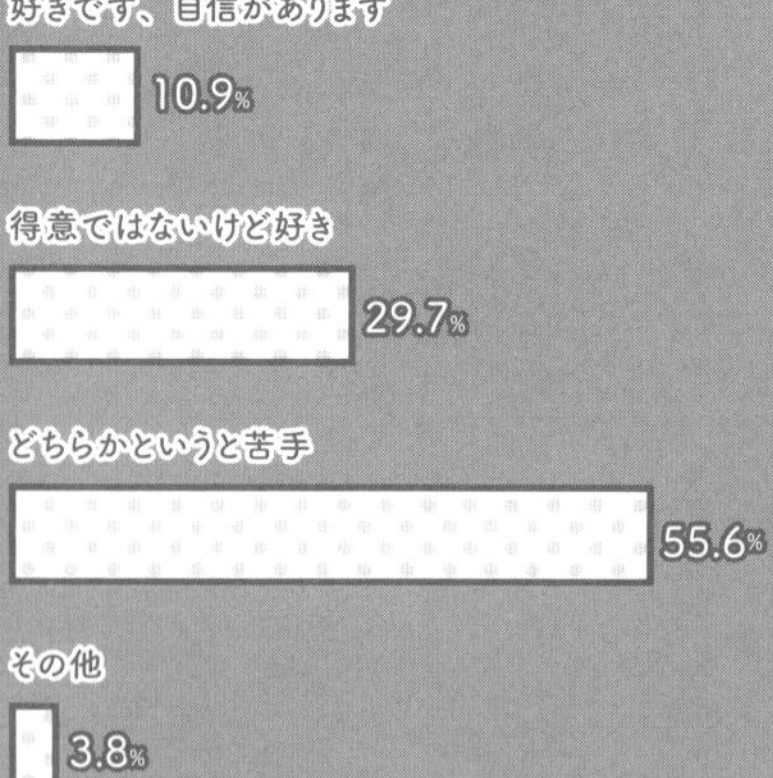

好きです、自信があります
10.9%
得意ではないけど好き
29.7%
どちらかというと苦手
55.6%
その他
3.8%

「文章を書くのは好きですか?」

(2014年・回答総数175547件/デイリサーチ調べ)

話すように書かねばならぬ

——Voltaire, François Marie《ヴォルテール》

文章を書くことが苦手な人には３つの特徴があります。「難しい言葉で書こうとしている」「人に好かれる、人を感動させる文章を書こうとしている」「いきなり書こうとする」というものです。じつはこれを改善するだけで文章が飛躍的にうまくなります。

ヴォルテール 18世紀フランスの文学者、啓蒙思想家。著書に『寛容論』など。

①難しい言葉で書こうとしている

文章が苦手な人は「他人から称賛される文章を書かなければいけない」と考える人が多いようです。これは一種の自己顕示欲の表れです。こうした人は「バカにされたくない」という意識も持っています。だから、あえて難しい言葉を使おうとする傾向にあります。使い慣れていない言葉で書くため時間がかかり、表現も婉曲になるので内容がストレートに伝わりません。これが苦手意識を生む一因にもなります。

一方、文章の上手な人は、平易な言葉で文章を書きます。その結果、読みやすく親しみやすい文章になるのです。文章を書くときは、無理して難しい言葉を使わず、自然体で書くようにしましょう。

②人に好かれる、人を感動させる文章を書こうとしている

心理学的に見れば、「みんなに好かれたい」「認められたい」という承

自己顕示欲
自分の存在を他者にアピールしたい、人よりも目立ちたいと思う感情。このタイプは自分より他人が注目されるのが気に入らなかったりする。なお自己顕示欲と言う言葉は一般的な心理学用語ではない。

認欲求の強いタイプです。しかし人の好みは千差万別。みんなに好かれる文章なんていうものは存在しません。そもそも万人から好かれようとすると書きたいことも書けなくなってしまい、無理に人を感動させようとすると、わざとらしい文章になることが多いのです。このタイプは読み手を意識せずに書くことを心がけてみましょう。

③いきなり書こうとする

いわゆる「せっかち型」です。準備せずに書き始めるのでミス・間違いが多く、文章もうまくまとまりません。このタイプの人は、時間に余裕を持ち、落ち着いて文章に向かうことで、ミスが少なくなり思い通りの文章が書けるようになります。またいきなり文章を書くのではなく、事前に資料を集める、思いついたことをメモに残すなど、下準備をすることで、より書きやすくなり、苦手意識が解消されます。

承認欲求
誰かに認めてもらいたいとかいう感情。この欲求が強い人は、誰かに認めてもらうことで初めて自分を認めることができるので、他人の評価が低いと不安な精神状態になる。他に落ち込みやすい、人目が気になるなどの特徴も。

せっかち型
アメリカの医師、フリードマンとローゼンマンはせっかちで衝動的な性格や行動を「タイプA」と定義した。「タイプA」はせっかち以外に、野心的で成功願望が強い、仕事に追われ時間的な余裕がないなどの特徴を持つ。

WEAK PONT

どうしてもできない
ことってあります

本を読んでもすぐ飽きてしまう
読書が続かない

苦手

読書習慣があると
回答した人は
わずか39.4%

Question

読書習慣の有無

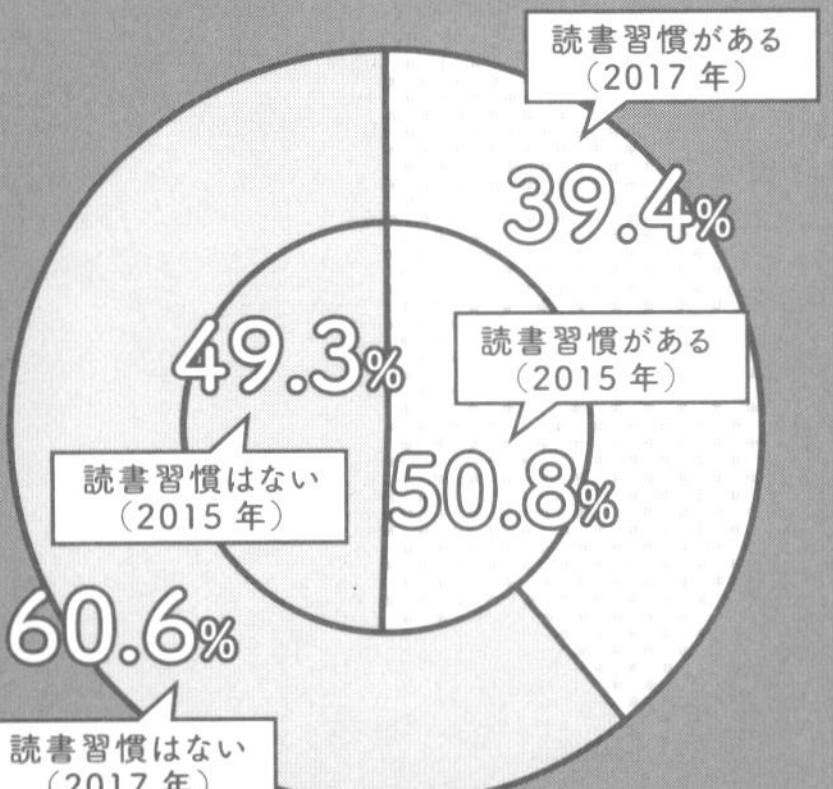
読書習慣がある（2017 年）
39.4%
読書習慣がある（2015 年）
50.8%
49.3%
読書習慣はない（2015 年）
60.6%
読書習慣はない（2017 年）

「読書に関するアンケート」
（2017年・15~69歳の男女1200人／クロス・マーケティング調べ）

読書は量ではなく、役に立つように読むことが問題である

——Aristippus
アリスティッポス

心理学的に見ると、読書嫌い、もしくは読書が苦手な人は、次の3つの「固定観念」を持っています。「本は頭から読み進めないといけない」「買った本は最後まで読まなければならない」「本を読むにはまとまった時間が必要」というものです。

アリスティッポス
古代ギリシャの哲学者。キュレネ学派の創始者であり、ソクラテスの弟子としても有名。

固定観念
心理学用語で、固着観念とも呼ばれる。他人から違った意見を聞いたり、状況が変わったりしても、簡単に変えたり、頭から離れることがない考え方や観念。

①本は頭から読み進めないといけない

ほとんどの人は、「本は頭から読み進め、最後まで読むべきもの」と考えています。一種の呪縛《じゅばく》ですが、それでは時間がかかり、興味がない本だったらすぐに飽きてしまいます。

おすすめは「飛ばし読み」です。本を一字一句すべて読む必要はありません。まずは目次をじっくり見て、興味がある箇所から読んでください。飛ばし読みに抵抗がある人も多いかもしれませんが、それでも読まないよりはましです。飛ばし読みでその本を面白いと感じれば、他の興味がなかった部分も進んで読むことになるでしょう。

②買った本は最後まで読まなければならない

読み始めて「ちょっと面白くないな」と感じたら、さっさとその本を閉じてください。別の本を手に取るほうが時間を有効に使えます。

一度買ったものは読まないともったいないと挑戦し、結局後悔する人が多いようです。この心理現象は「コンコルド効果」と呼ばれています。しかし、読みたくない本を無理して読むと本嫌いになります。

③本を読むにはまとまった時間が必要

多くの人はまとまった時間で本を読もうとする傾向があります。しかし実際そんな時間はなかなか取れません。また、時間がないことを理由に結局読書を避ける人も少なくありません。

じつはよく読書する人はまとまった時間ではなく、隙間時間を利用して本を読んでいます。電車を待っている間、病院の待合室での順番待ちなど、わずかな時間を利用して少しずつ読み進めるのです。これなら短時間なので集中力も長続きします。読書が苦手なら、一日たった10分でもよいので、本を開く習慣を身につけてるとよいでしょう。

コンコルド効果

埋没費用効果とも呼ばれる心理効果。ある事柄に金銭的、時間的エネルギーを費やしても無駄になることが分かっているのに、それまでの投資を考え、もったいないという気持ちになること。

隙間時間

隙間時間を利用すると集中力が高まることが多くの研究者によって指摘されている。そもそも深く集中できるのは15分程度で、その後は集中力が落ちてくることがさまざまな実験で分かっている。

WEAK PONT

どうしてもできない
ことってあります

操作が難しくて触れるのも怖い
パソコンに抵抗を感じる

苦手

**女性や高齢者は
パソコンに
苦手意識がある**

↓

Question

パソコンが苦手だ

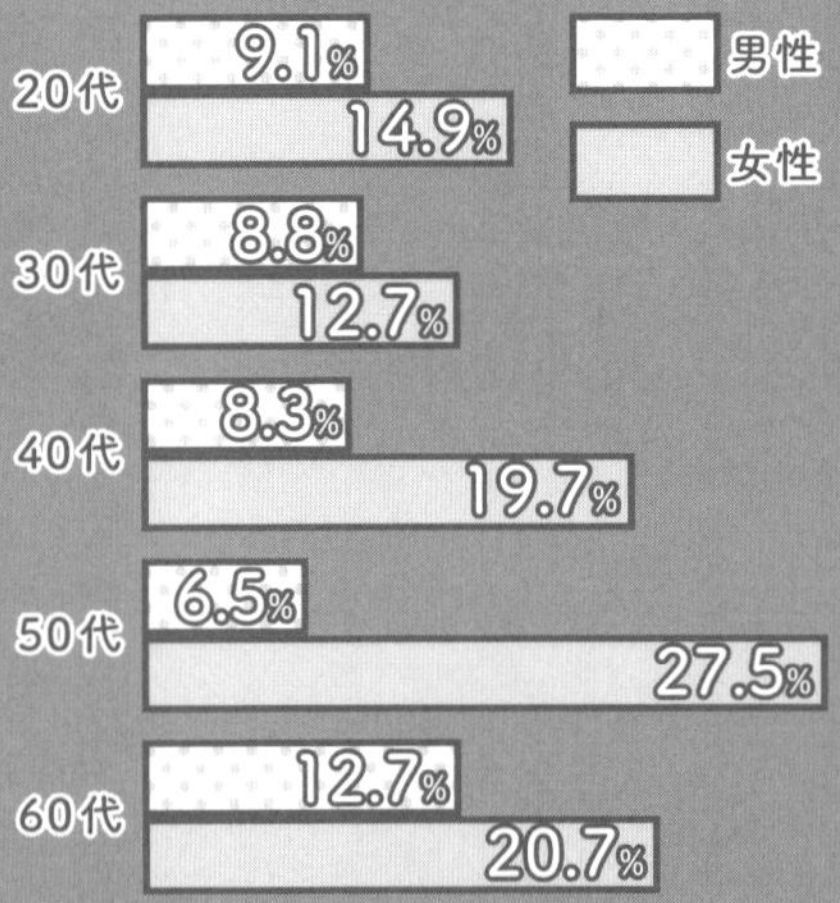

男性
女性
20代
9.1%
14.9%
30代
8.8%
12.7%
40代
8.3%
19.7%
50代
6.5%
27.5%
60代
12.7%
20.7%

「パソコンが苦手だ」
（2016年・全国20～60代男女1376人　しらべぇ調べ）

チャレンジして失敗を恐れるよりも、何もしないことを恐れろ

——本田宗一郎

パソコンが苦手な理由として、慣れていないことで生じる「パソコンは難しい」という先入観、「壊したらどうしよう」という不安・恐怖心が挙げられます。一方、ある程度パソコンに慣れていても「苦手」と感じることがあります。それはユーザーが「せっかち」な場合です。

本田宗一郎
ホンダ（本田技研工業）の創始者で戦後日本を代表する経営者。1948年に本田技研工業株式会社設立。副社長の藤沢武夫とともにホンダを世界的な大企業に育て上げた。

先入観
最初に知った情報や経験したことで作り上げられた固定観念。これが強くなると自由な思考ができなくなり、誤った判断をしたり、偏った考え方を持ったりするようになる。

まず先入観から説明していきます。先入観は年配の方ほど抱きがちです。「自分の年齢ではできない」と思い込み、どう操作すればよいのかを分かろうとせず、結局何もしないままに終わってしまいます。こうした心のカベのことを心理学ではメンタルブロックと呼びます。

このタイプは「とりあえずパソコンに触れる」のが一番。家にパソコンがあるなら放置せず電源を入れてみるだけでもＯＫです。毎日触れることでパソコンに慣れてくれれば、「次はこれをやってみよう」と次第に先入観も消えていきます。パソコンは「学ぶ」より「遊ぶ」という姿勢のほうが上達します。子どもたちの上達が早いのはこうした理由からです。大人もゲームから始めるとよいでしょう。

また、「壊したらどうしよう」というパソコン恐怖症の人も多いようです。しかしパソコンは簡単には故障しません。画面が切り替わる、

メンタルブロック
メンタルブロックとは人間が行動を起こす際に「できない」「無理だ」と否定的に考えてしまう思い込みのこと。

文字入力がうまくできないといったことはありますが、それらは故障ではありません。何か不具合が起きたらパソコンに詳しい人に聞くようにクセをつけておけば、恐怖心は簡単に消すことができるでしょう。

ある程度慣れていても、インターネットをやっていて「反応が遅いな」「もっとサクサク動かないのか」と感じてしまう人は、パソコンが苦手と思いやすいようです。イライラした結果あちこちボタンを押し続けてフリーズ……といった事態を招くからだと考えられます。

こうしたイライラ派には、週に一度日を決めて古いデータを消去したり、デスクトップを整理整頓したりするなど、大掃除を行うことをおすすめします。そしてパソコンに向かうときは気持ちの余裕を持つこと。さらにイライラしたら席を外して気分転換を行うなどストレスコントロールを行いましょう。

ストレスコントロール

ストレスコントロールとはストレスに耐える力（ストレス耐性）を身につけることではなく、ストレッサー（→39ページ）への対処法を考え、実行することだ。

WEAK PONT
どうしてもできない
ことってあります

カラオケへ行くのは気が重い
人前で歌えない

苦手

20代はカラオケ好き。年齢が上がるほどカラオケ嫌いが増える

Question

あなたはカラオケが好きですか。

	大好き	好き	どちらかというと好き	どちらかというと嫌い	嫌い	大嫌い
20代	17%	24%	25%	19%	7%	9%
30代	14%	20%	26%	19%	8%	15%
40代	11%	15%	28%	18%	14%	15%
50代	5%	18%	25%	22%	15%	16%
60代	5%	14%	28%	25%	16%	13%

「カラオケに関する意識調査」
（2017年・全国20～69歳の男女1000人／日本リサーチセンター調べ）

下手のほうがいいんだ。笑い出すほど不器用だったら、それはかえって楽しいじゃないか

――岡本太郎

人前で歌うことが苦手な理由は、不要な「思い込み」と「気遣い」にあります。歌うことが苦手な人には、実際はそれほど下手でもないのに「自分は音痴だ」と思い込んでいる人が多いようです。

このタイプは些細な音程のズレや歌詞の間違いが気になりうまく歌

岡本太郎
日本の芸術家。大阪万国博では「太陽の塔」を設計。「芸術は爆発だ」という言葉で有名。

うことができません。しかし本来仲間内で行われるカラオケなら、聴く側は多少のミスはほとんど気にしないものです。要するに自分自身の思い込みに過ぎません。

また「下手な歌唱で場を白けさせたくない」という気遣いも必要ありません。場を白けさせるのは歌の良し悪しより、むしろおどおどした態度や暗い表情です。メラビアンの法則によれば人前で歌う場合、聴覚情報以上に視覚情報が相手に与える影響が大きいのです。

まずは周りの評価は気にせず、明るい表情、しっかりした声で堂々と歌えば、多少下手でも周りはあなたに好感を持ってくれるでしょう。

次に「流行りの曲を歌わなければいけない」という強迫観念も大きな障害になります。冒頭の調査において、「みんなで行く場合（1人カラオケではない場合）、どんな歌を歌うようにしていますか？」とい

メラビアンの法則

1971年にアメリカの心理学者、アルバート・メラビアンが提唱した法則。話し手が聞き手に与える影響は言語情報が7%、聴覚情報が38%、視覚情報が55%となっている。

う質問に対しては、第1位が「自分が歌いたい歌」(48・5%)、第2位が「みんなが知っている歌」(26・7%)、第3位が「なつかしい、思い出の歌」(23・5%)、第4位が「みんなで歌える歌」(21・3%)、第5位が「流行りの歌」(13・5%)という結果が出ています。

これによれば、選曲は「流行りの歌」より「みんなが知っている歌」「なつかしい歌」を選んだほうが、周りの評価は高いということになります。人は昔流行った曲を聞くと、過去の思い出がよみがえり感傷的な気分になります。つまり昔のなつかしい曲を選んで歌えば、多少歌が下手でも聞く側の共感を得ることができるわけです。

このように不要な「思い込み」や「気遣い」をなくすだけで、歌への抵抗感はグッと減るはずです。その上で場数を踏めば、あなたも「歌が苦手」から「得意」に変わることができるのです。

共感
他の人と喜怒哀楽の感情を共有すること。共感力とは相手から「この人なら分かってくれる」と感じてもらえる能力だが、これが高い人は「ミュニケーション能力に優れた人だということができる。

WEAK PONT

どうしてもできない
ことってあります

自分ではきちんと調理しているつもりなのに
料理が下手

半数近い人が
料理が苦手だと
感じている

Question

あなたは料理が得意ですか？

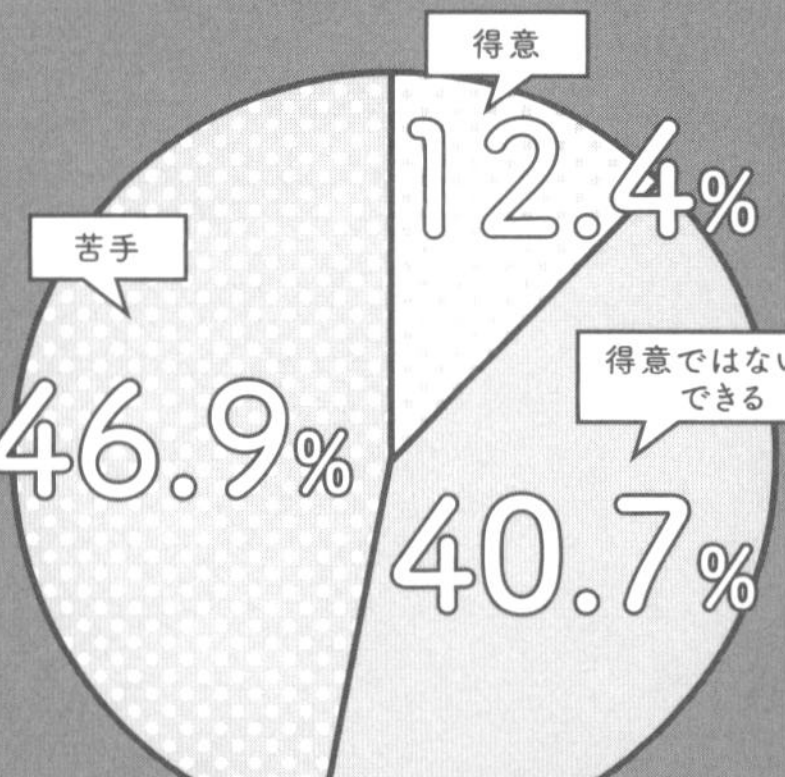
得意
12.4%
得意ではないが
できる
40.7%
苦手
46.9%
(n = 1846)

「料理に関するアンケート」
（2018年・1846人／株式会社クリエイティブジャパン、「音食紀行」共同調べ）

自信を持ち過ぎると、危険を招く

――Pierre Corneille
ピエール・コルネイユ

料理が下手な人は自己流で料理をして失敗することが多いようです。その原因は「認知バイアス」によるものです。認知バイアスとは生活習慣や固定観念などにより、非合理的な判断を下してしまうこと。料理の際に、「甘い味を出すには砂糖を多く」「この料理では塩を少なめ

ピエール・コルネイユ
17世紀フランスの劇作家。著書に『ル・シッド』など。

認知バイアス
さまざまな外的・内的要因により、対象に対して非合理で偏った判断を下すこと、つまり「思考の偏り」を指す。

に」など、先入観で味つけや調理をしてしまうわけです。

さらに料理が下手な人は「下ごしらえをしない」「調味料の量が適当」「料理中に味見をしない」「火加減が適当」などの特徴を持っています。しかも自信過剰であるため「料理なんて簡単なものだ」と考え、自らのやり方を変えることがありません。

一方、料理上手は自分を過信しません。調味料は目分量ではなく必ず計り、食材の投入の順番はきっちり守って、レシピ通りに作ります。下ごしらえや計量の手間を厭《いと》わないことで、おいしい料理ができあがるのです。

つまり料理が下手な人でも、レシピを重視するだけで簡単に料理上手の第一歩を踏み出すことができるというわけです。

また、料理が下手な人は「他人に料理を振る舞う機会があまりない」、

自信過剰 自らを過大評価すること。社会心理学者のマーク・アリックによれば、自信過剰は、他人と自分を比較する際に、客観的事実を自分に都合がよいよう変えてしまうことで起きるという。

ということが指摘されています。家族や友人などに料理を振る舞うことで、料理の客観的評価を得ることができるのですが、料理が下手な人にはそのチャンスがありません。料理の腕を上げたいと思うのなら、真っ先に「食べてくれる人」を作るべきです。

ここまで「味」に焦点を当ててきましたが、料理上手になるためには「色彩心理学」も考慮しなければなりません。

食べ物と色彩は密接な関係を持っており、人間が料理のおいしさを感じるとき、五感の中で視覚が占める割合は87%だという研究結果もあります。つまり彩りや盛りつけを変えるだけで、あなたの料理に対する他人の評価が変わります。この点に留意し、他人に料理を出すときには鮮やかな色の食材を添え、見た目を華やかにするように心がけましょう。

色彩心理学　色に対する人間の見方・感じ方、あるいは行動を研究する心理学。

ョンが

第3章

COMMUNICATION

コミュニケーシ

うまくいかない

コミュニケーション能力は
相手の心理を知れば高まる

相手の目を見て話せない、初対面の人との会話が続かない、異性と会うと緊張してしまう……。人間関係において土台となるコミュニケーションに自信がない人は多いものです。また、リーダーシップや指示出しなど、近年では仕事をする上でも、コミュニケーション能力の高さが求められるようになり、より自身のコミュニケーション能力を高めたいと考える人も多くなりました。そもそも消極的なコミュニケーションになってしまうのは、他人にどう思われるかといった自意識が大きく影響しています。そのため、コミュニケーション能力は、相手の心理を知ることで大きく向上していきます。

COMMUNICATION

コミュニケーションが
うまくいかない

人の視線が怖くて見つめられない

相手の目を見て話せない

若い世代ほど他人の視線が怖いと感じやすい

Question

他者の視線にストレスを感じたことはありますか？

	とてもよくある	たまにある	どちらともいえない	あまりない	まったくない
10代男性	31.8%	32.7%	14.5%	16.4%	4.5%
20代男性	32.7%	27.3%	18.2%	16.4%	5.4%
30代男性	21.2%	34.5%	17.7%	20.4%	6.2%
40代男性	11.1%	37.0%	21.3%	22.2%	8.4%
50代男性	10.9%	17.3%	27.3%	36.4%	8.1%

	とてもよくある	たまにある	どちらともいえない	あまりない	まったくない
10代女性	36.7%	32.1%	15.5%	13.8%	1.5%
20代女性	34.5%	42.2%	9.5%	10.3%	3.5%
30代女性	32.4%	30.6%	19.4%	14.8%	2.8%
40代女性	13.6%	45.6%	11.7%	24.3%	4.8%
50代女性	9.6%	28.8%	18.3%	37.5%	5.8%

「視線耐性とデジタルコミュニケーションに関する調査」
（2018年・15歳〜59歳 男女1091人／株式会社マンダム）

人の視線は、どの国にも通じる言葉

——George Herbert
G・ハーバート

相手の目を見ないで話すデメリットとはいったい何でしょうか。1つは相手に「話を聞いていない」と思われてしまうことです。また「自信のない人間だという印象」を与えてしまう場合もあります。とくに面接や商談などでは、相手の目を見ないで話す、相手が話しているの

G・ハーバート
17世紀のイギリスの詩人、聖職者。

に目を見ないというのはかなりマイナスだということになります。

目は相手に多くの情報を伝えます。視線を用いたコミュニケーションは「アイコンタクト」と呼ばれ、非言語コミュニケーションに分類されますが、世の中には「アイコンタクトが苦手」という人が結構多いようです。相手の目を見て話せない原因としては大きく次の2つがあります。

①相手から自分がどう見られているのか気になってしまい、相手の目を見ることができない。

②相手が不快な思いをするのでは、という不安から目を見ることができない。

前者は過剰な公的自己意識（→29ページ）が関係しています。この症状がひどくなると対人恐怖症になってしまいます。

アイコンタクト
会話などでお互いが目を合わせること。これにより自分の感情やメッセージをお互いに伝え合うことができる。また球技などスポーツではチームプレーの技術として使われることがある。

対人恐怖症
社会不安障害とも呼ばれる。人前に出ることは誰でも多少の不安や恐れを抱くが、それが過剰になると苦痛や悩みが増大し、社会生活に支障が出てきてしまう。そうした症状を対人恐怖症と呼ぶ。

さて対処法ですが、まずは家族や友達にあなたの「視線のクセ」を聞いてみるとよいでしょう。他人の視線に敏感な人は、逆に相手の目をじっと見過ぎたり、不必要にキョロキョロ視線を泳がせたりすることがあります。そうした自分のクセを把握し、家族や友達に視線の動きを見てもらいながら話す練習をすることで、比較的簡単にクセを直すことができます。

その上で実際に会話をするときには、相手の鼻やおでこなど、「目の周辺」を見るとよいでしょう。これなら目を直視するより心の負担がずっと軽くて済みます。また商談などで手元に資料がある場合は、できるだけそれに目を落とすようにして、必要なときにだけ相手の目を見るというのも手です。ただし世の中にはあなたと同じような「視線恐怖症」の人もいるので、注意が必要です。

視線恐怖症
視線に関連して発生する、恐怖、不安などの症状の総称。ただし医学的に正式な診断名ではない。

COMMUNICATION

コミュニケーションが
うまくいかない

話が途切れがちで続かない

初対面の人との会話が苦手

初めて会う人と話すのが苦手な人は6割以上にものぼる

Question

コミュニケーションの得意度

	苦手	やや苦手	やや得意	得意
複数の人の前で、発表すること	41.4%	33.3%	18.3%	7.0%
初めて会う人と話すこと	23.7%	39.8%	27.1%	9.4%
食事会や飲み会などで話をすること	18.0%	38.9%	33.4%	9.7%

「コミュニケーションへの苦手意識」
（2017年・全国2060人　JTB コミュニケーションデザイン調べ）

第一印象に二度目のチャンスはない

——William Penn Adair “Will” Rogers《ウィル・ロジャース》

初対面の人と話すときはまず警戒感のレベルを下げ、「自己開示」する必要があります。たとえば「私の趣味は……」とか、「自分が好きな食べ物は……」などと、ごく単純な自分のプライベートな情報を相手に伝えるのです。

ウィル・ロジャース
ウィリアム・ペン・アデア・ロジャース。19～20世紀のアメリカ合衆国のコメディアン、ユーモア作家、そして社会評論家として有名。

自己開示
心理学用語で自分のプライベートな情報を他人に伝えること。自己開示をした相手は、逆に自己開示をしたくなるという「返報性」という法則もある。

人は初めての人に会うときに警戒してしまう特性があります。「相手はどんな人か分からない」「自分について話すのは控えよう」と考えるのですが、その結果会話も弾まず「自分は初対面の相手が苦手……」となってしまうわけです。

自らをオープンにすることで、相手も安心感を得られ会話が弾みます。このようにファーストコンタクトで相手に良い印象を与えれば、初頭効果により、その後も良い関係を築くことができます。

さらに自己開示だけでなく、相手の情報収集も重要になります。それにより共通の話題を見つけることができれば、より気軽に会話をすることができるのです。

たとえば最初は簡単な質問でＯＫです。「こちらまでは電車で来たのですか？」「ご出身はどちらですか？」といった具合に質問を投げかけ

初頭効果
初対面などで最初に相手に与えた情報が、後の情報に影響を及ぼす現象のこと。

ていくわけです。人は誰でも自分に関心を持ってもらえるとうれしいものです。質問することで相手の共感をつかめれば上手に会話することができます。

さて初対面で気をつけなければならないのは会話だけではありません。視線や声のトーンなど非言語コミュニケーションにも注意する必要があります。上目づかいで相手を見たり、声のトーンが暗かったりでは、相手に良い印象を与えません。

姿勢を正し、相手をまっすぐ見つめるだけで、相手には明るいトーンに伝わり、好印象を与えることができます。またミラーリング効果などの心理テクニックを使えば、さらに相手に良い印象を与え、会話をスムーズに進めることができます。

非言語コミュニケーション
言葉によるコミュニケーション以外の意思伝達方法。表情、声のトーン、話す速度、視線、ジェスチャーなどが該当する。会話においてこれらの方法による伝達は言葉以上に大きな役割を果たしている。

ミラーリング効果
「同調効果」または「姿勢反響」とも呼ばれるもの。人は自分と同じような仕草や表情を行う相手に好感を抱く傾向がある。ミラーリング効果はその特性を利用した心理テクニック。

COMMUNICATION

コミュニケーションが
うまくいかない

緊張してハチャメチャな言動に
異性と普通に接したい

苦手

20〜60代のうち約3分の1の人が異性と話すのが苦手

Question

異性と話すのは苦手だ

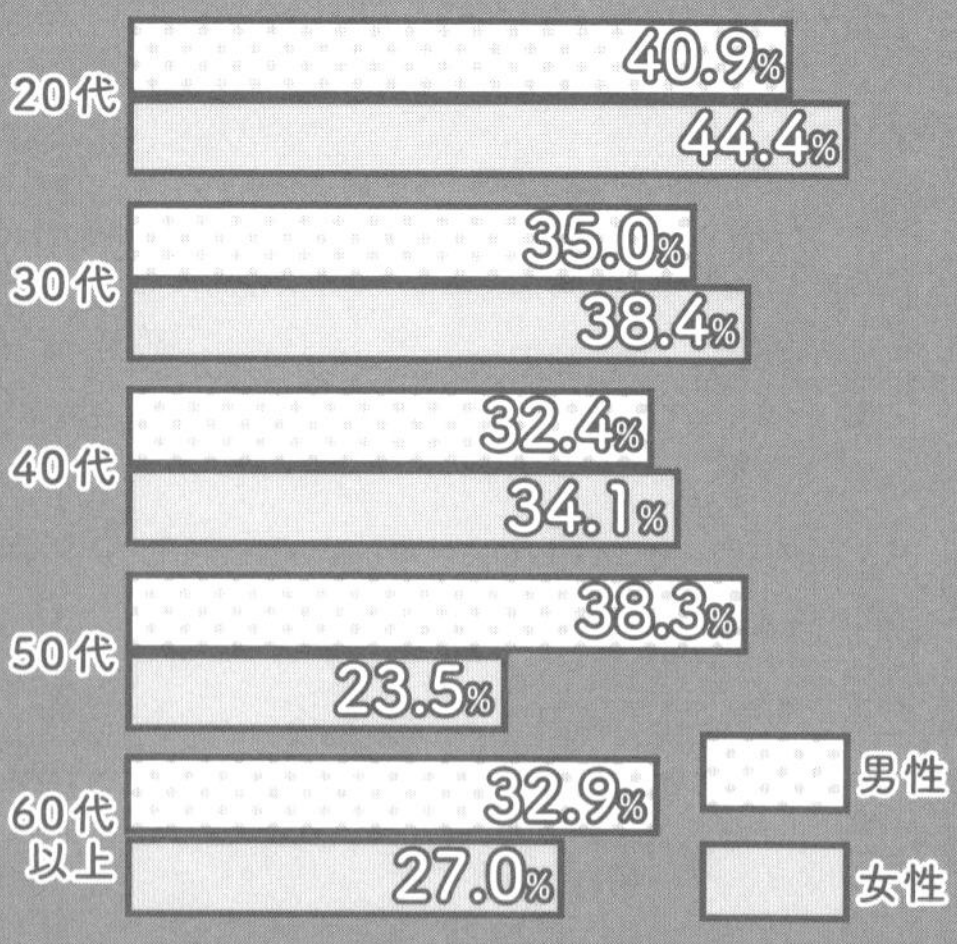

20代
40.9%
44.4%
30代
35.0%
38.4%
40代
32.4%
34.1%
50代
38.3%
23.5%
60代以上
32.9%
27.0%
男性
女性

「異性と話すのが苦手な人」調査
(2016年・20〜60代男女1378人／しらべぇ編集部調べ)

人に好かれたいなら自分を忘れよ

——Publius Ovidius Naso
オウィディウス

異性と話すのが苦手な原因としては、①恋愛経験がない、②相手に気を遣い過ぎる——という2点が挙げられます。

①はいわば慣れの問題。経験が豊富な人は異性と話すことに難しさを感じませんが、少ない人はどうしても緊張して話せなくなってしま

オウィディウス
帝政ローマの詩人。著書に『愛の詩人』ほか。

います。ただ恋愛は相手があってのことなので、経験を積むといっても難しいものがあります。そこでおすすめなのが趣味のサークルなどに入会し、女性のメンバーと積極的に話す機会を持つこと。趣味の話題ならば誰でも盛り上がりやすく、サークルなので自然に何度も接触できます。またメールやラインなど文字を媒介するのも手です。直接向き合っているわけではないので、緊張せず会話を楽しめます。

②はいわゆる「自意識過剰」が原因です。「こんな話題をしたら相手はつまらないと感じるかも」などとあれこれ考えてしまい、その結果相手にも緊張が伝わってしまうのです。

対策としてはまず、「相手に良く思われたい」という考えを頭の中から消し去ることです。さらに「うまく話そう」という考えも捨ててしまいましょう。テレビでは朴訥な語り口が人気のタレントが大勢いま

何度も接触

何度も接触するとお互いの好感度が増すことが心理学では証明されている。これは「単純接触効果（ザイアンス効果）」と呼ばれるもので、アメリカの心理学者、ロバート・ザイアンスが提唱した理論。なお会うという行為にはＬＩＮＥやメールも含まれる。

うなずき効果

うなずくことについては心理学でもさまざまな実験が行われており、その効果が実証されている。うなずきは話を

す。世間では流暢な話し方ばかりが受けるわけではないのです。
さて以上のことを頭に入れたら、次は実践的な会話術を学んでいくことが大切です。1つめのテクニックは「聞き役に徹する」です。話し上手は一朝一夕でなれませんが、聞き役には比較的簡単に回ることができます。その際「なるほど」「そうなんですね」と頻繁にあいづちを打ったり、相手の言葉にうなずいたり、といった方法で会話を進めます。これは「うなずき効果」や「あいづち効果」とも言われ相手の自分への好感度を高める方法として知られています。
2つめのテクニックは異性との共通点を見つけること。最初は「食べ物は何が好き?」「どんなスポーツをやっていますか?」などの汎用性が高い質問で相手との接点を探しましょう。その結果お互いの共通点が見つかれば、苦痛を感じることなく話を進めることができます。

聞いているという表示であり、話し手は聞き手のうなずきを確認することで安心感を得ることができる。

あいづち効果
あいづちはうなずきと同じように、相手に対する心理的効果が実証されている。適度なあいづちは話し手の聞き手に対する好感度を高めるだけでなく、話に対する聞き手の集中力が高まることも分かっている。

共通点を見つける
類似性の法則と呼ばれるもの。人間は自分に似た人を好きになったり仲良くなったりする傾向がある。

COMMUNICATION

コミュニケーションが
うまくいかない

再会したときにも思い出せない

人の名前を覚えられない

苦

半数以上の人が人の名前を覚えるのを苦手としている

Question

人の名前を覚えるのは得意？

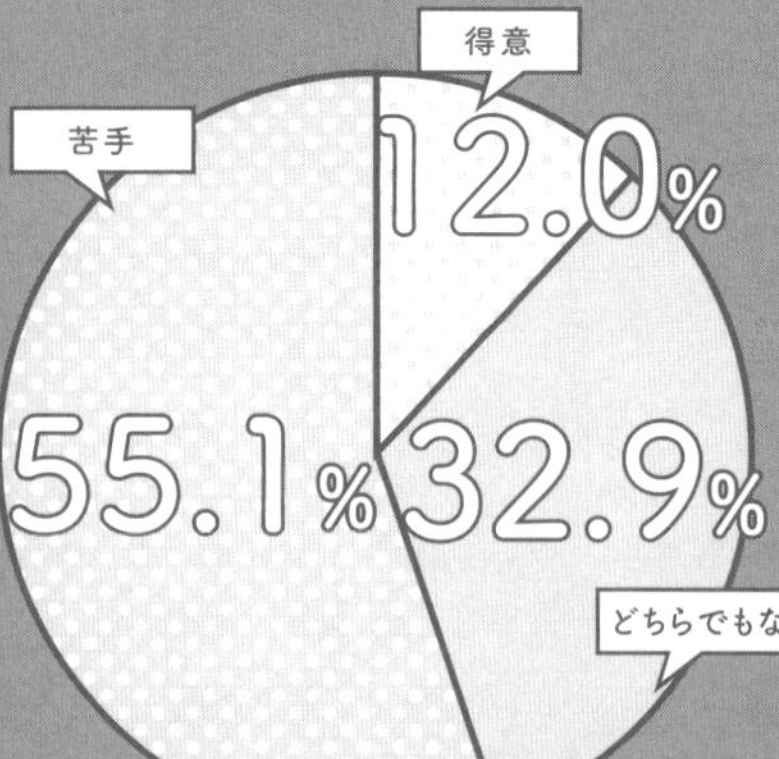

「人の名前を覚えるのは得意？」
(2014年・回答総数172336件／リサーチパネル)

物覚えの悪い頭は、守備兵のいない広場だ

——Napoléon Bonaparte《ナポレオン》

相手の名前を覚えられない、もしくは思い出せないということに関連した心理現象として「ベイカーベイカーパラドクス」があります。ベイカーという名前のパン屋さん（パン屋は英語でBaker＝ベイカー）がいて、その人がパン屋であることや、白い服でパンをこねる姿

ナポレオン
フランス皇帝。ナポレオン法典の編纂、教育制度の確立など、さまざまな改革を行った。

ベイカーベイカーパラドクス
由来はアメリカンジョーク。思い出したいことの周辺情報は思い出せても、肝心の情報が思い出せない現象。

を思い出せても、名前だけはどうしても思い出せないという現象です。つまりある人物を思い浮かべたときに容姿や職業、趣味などは人物と関連づけやすいので忘れにくいのですが、名前だけは他の情報との関連がないので忘れやすいというわけです。

対策としては名刺やメモ帳などに相手の特徴や関連情報、似顔絵などを書き留めておくのがよいでしょう。また他にも、イメージ化を利用した方法で覚えるという手があるので紹介します。

①まったく関係のないイメージをその人に結びつける

たとえば、大田さんという名前ならその人が大きな田んぼの中で田植えをする姿、香川さんならうどんを食べている姿をイメージします。

②複数の人物の顔を関連づけて覚える

たとえば、佐藤さんAという人を覚える場合、仲が良い他の佐藤さ

イメージ化

イメージ化は効率の良い記憶術として、多くの専門家により提唱されている。文字情報は左脳、視覚情報は右脳が関与しているが、この両者が連携し、脳全体を使うことで、飛躍的に記憶ができるようになる。

んBと佐藤さんAが一緒にいるところをイメージして、セットで覚えます。セットにするのは芸能人でもOKです。

名前は文字情報、顔は画像情報と、もともと種類の違う情報ですが、ここで紹介した方法なら比較的簡単に両者を結びつけられます。

さて、名前が思い出せないもう1つの原因としては「前頭葉機能の低下」が挙げられます。脳には情報をインプットする機能とアウトプットする機能がありますが、この両者には前頭葉が関連しています。

名前を記憶し、うまく出し入れするためには、前頭葉が十分に機能しなければなりませんが、脳機能の低下が進むとそれがうまくいかなくなってしまうのです。前頭葉の機能が低下する原因はストレス、睡眠不足などがあります。物忘れがひどいと悩む人は、よく眠ってストレスが少ない「脳に良い」生活習慣に変える必要があるのです。

前頭葉
大脳の領域の1つで、両側の大脳半球の前部に位置している。思考、自発性（やる気）、感情、性格、理性などを司る部位。

物忘れ
生理的な物忘れと病的な物忘れがある、前者は老化現象の一部であり、人の名前や漢字が出て来ない、とっさに言葉が出てこない、といったもの。後者は以前に自分がした経験自体が残らない、といった忘れ方をする。

COMMUNICATION

コミュニケーションがうまくいかない

会議や友達との会話にストレスを感じる
自分の意見をはっきり言えない

苦手

自分の考えや思いを率直に言える人は少数派

Question

自分の意見や思いを、口に出して話すこと

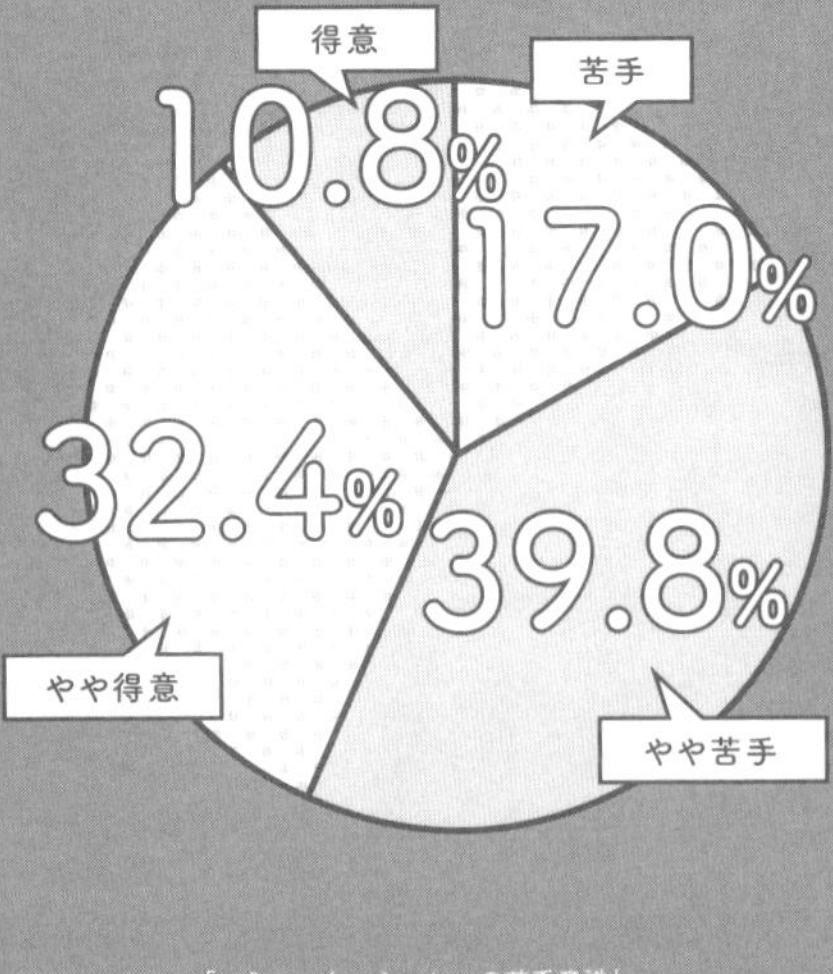

「コミュニケーションへの苦手意識」
(2017年・全国2060人　JTBコミュニケーションデザイン調べ)

だれもが自分の意見をたっぷり持っている。

——François Rabelais
フランソワ・ラブレー

意見をはっきり言える人間になるためには、過去のトラウマを克服し、新たな自分を獲得する必要があります。

手っ取り早い方法が「成功体験を得る」ことです。人間は過去の嫌な体験をそのときの感情とともに記憶しています。その感情を消すに

フランソワ・ラブレー
↓55ページ。

は似たような体験で成功し、頭の中を上書きすればよいのです。

日本はエゴを嫌い、協調性を重んじる社会でありながら、本音を話さないと、「八方美人」として、疎まれたり、敬遠されたりすることがあります。自己主張ができないのは、そのような風潮のもとで、子どものときに経験した次のようなことがトラウマになっているからです。

①自分の意見を言っても相手に受け入れてもらえなかった

過去に本音を言って「わがままな子」と非難された――こうした経験を持つ人は自分の本音を隠しがちになります。周りの顔色をつねにうかがい、自分の意見を述べることをタブー視しています。

②自分の意見をはっきり言わないことで評価された

①とは逆のパターンです。自分の意見を口にしないことで、「物分かりがよい子」「協調性がある子」とほめられた経験があります。意見を

エゴ
エゴイストの略で、いわゆる利己主義者のこと。自分の利益を最優先し、他者の利益を後回し・無視する考え方。またエゴは自我＝自分を対象とする認識作用の意味で使われることもある。

抑えることを自分に強制し、本音を表に出すことができません。

②「怒らないから」と言われ本音を言ったら怒られた

親に「怒らないから正直に話してごらん」と言われて話したら、結局は怒られた――こうした状況はダブルバインドと呼ばれ、子どもは強いストレスを感じてしまいます。正直に話しても状況が何も良くならないと考えて本音を口に出せません。

これらのトラウマを成功体験で上書きするのです。たとえば本音を受け入れてもらえなかった人なら「友達に本音を漏らしたら仲良くなった」「会議で意見を言ったら採用された」といった具合です。

そのためにはまず自分の意見の中から「周りの人が比較的受け入れやすい」ものを選んで話すとよいでしょう。このフットインザドアと呼ばれる手法なら、周りもあなたの意見を受け入れやすくなります。

ダブルバインド
「二重拘束」と呼ばれるコミュニケーションの状態。2つの矛盾した命令を出されることで、命令される側はどちらも選べず、動けない状態になってしまう。

フットインザドア
段階的要請法。相手に小さな頼みごとを承諾させて、次第に大きな頼みごとを承諾させる心理学的手法。

COMMUNICATION

コミュニケーションが
うまくいかない

断り方が下手でいつも損をしている

人に頼まれたら嫌と言えない

残業を頼まれて断れない人が大半を占める

Question

残業を頼まれると断れる層、
断れない層

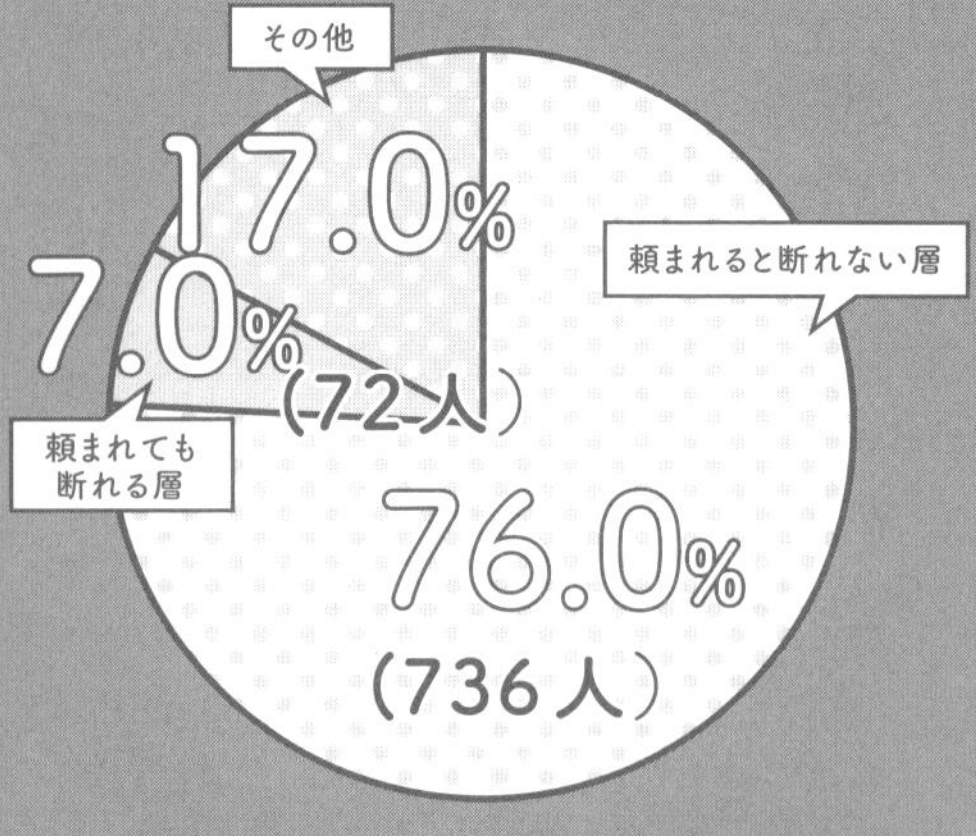

その他
17.0%
7.0%
(72人)
頼まれると断れない層
頼まれても
断れる層
76.0%
(736人)

「労働時間に関する調査」
(2012年・20〜59歳の有職者1000人／日本労働組合連合会調べ)の
「1ヶ月に何時間残業をしているか」をもとに編集部で算出

ずうずうしい人間は内気な者をまねることはできるが、内気な者はずうずうしい人間をまねることはできない。

——Oliver Goldsmith《ゴールドスミス》

他人からの頼まれごとを上手に断るには、断るほうも断られるほうも「気分よく」が基本です。そのためには、「断る理由をはっきりさせる」「曖昧な断り方をしない」「代案を提示する」という3つを実行してください。

ゴールドスミス
イギリスの詩人、小説家、劇作家。著書に『負けるが勝ち』など。

日本人の国民性からか、私たちの大半は頼まれごとをされると、なぜかうまく断われません。そのもっとも大きな原因が「後悔」です。人間は頼みごとを断ると「悪いことをしたな」「なんとか力になってやればよかった」と自分自身を責める傾向があります。その後悔した気持ちを断ち切るには、次の3つが有効なのです。

①断る理由をはっきりさせる

多くの人は断るときの理由づけが曖昧です。たとえば上司からお酒の誘いがあったときに「用事があるから」と断っていないでしょうか。

このような具体的でない断り方は、相手に「本当は行きたくないのでは？」といった不信感を抱かせます。逆に「友達と約束している」など具体的に言えば、相手も納得しやすくなります。

②曖昧な断り方はしない

国民性
中国メディア・東方網は2018年に「『いいえ』と言わない日本人は、どうやって他人の誘いを断るのか」と題する記事を掲載。その中で、日本人は他人からの誘いを断る際に「いいえ」をダイレクトに使うことはしないと言及している。

断るのが下手な人はついつい余計なことをつけ加えてしまいます。たとえば「本当は行きたいんですけど……」「無理すればできるんですけど、でも……」といった具合です。この中途半端な態度は逆効果。かえって相手をイライラさせてしまいます。断るときは余計な情報をつけ加えずにはっきりと断るのがベストです。

③代案を提示する

次につながる断り方をすると、相手との関係が壊れにくくなります。たとえば仕事や残業を頼まれたときに「今日は他の仕事があるのででき ませんが、明日ならできます」といった具合に代案を提示するのです。「できません」とだけ断るのは下手すれば相手を全否定することになります。代案を提示しながら、「本当にすみません」と謝罪の言葉を添えるだけで、相手は逆にあなたに好印象を抱くはずです。

全否定
すべてを否定すること。コミュニケーションでは「無理」「絶対」といった言葉は全否定につながる。相手は拒絶されたような印象を持ってしまうため、信頼関係が損なわれる可能性がある。

COMMUNICATION

コミュニケーションが
うまくいかない

自分を好きになれずダメな人間だと考えてしまう

自己肯定感が低い

自己肯定感が高い人は半数に満たない

Question

現在のあなたの、自己肯定感について、当てはまるものをお答えください。

	とても高いと思う	高いと思う	どちらかというと高いと思う	どちらかというと低いと思う	低いと思う	とても低いと思う
全体（n＝1000）	3.9%	10.1%	30.8%	31.0%	12.7%	11.5%
20代（n＝200）	6.5%	7.0%	23.0%	31.0%	14.5%	18.0%
30代（n＝200）	1.0%	14.0%	19.0%	37.5%	14.0%	14.5%
40代（n＝200）	3.0%	5.5%	30.0%	31.0%	16.5%	14.0%
50代（n＝200）	5.0%	11.5%	34.0%	27.5%	12.5%	9.5%
60代以上（n＝200）	4.0%	12.5%	48.0%	28.0%	6.0%	1.5%

「とても高いと思う」「高いと思う」「どちらかというと高いと思う」の合計	
全体（n＝1000）	44.8%
20代（n＝200）	36.5%
30代（n＝200）	34.0%
40代（n＝200）	38.5%
50代（n＝200）	50.5%
60代以上（n＝200）	64.5%

「自己肯定感に関する調査」
（2017年・全国20歳以上の男女1000人／ネオマーケティング調べ）

自分自身を信じてみるだけでいい。きっと、生きる道が見えてくる。

——Johann Wolfgang von Goethe《ゲーテ》

自己肯定感が低いとどんな弊害があるのでしょうか?

自己肯定感とは「自分は大切な存在、価値ある存在だ」と感じる心の感覚、つまり自分を肯定する感覚を指します。

自己肯定感が低い人はつねに「人に嫌われていないか」を気にする

ゲーテ
ドイツの小説家、詩人、劇作家。代表作に『若きウェルテルの悩み』などがある。

自己肯定感
国立青少年教育振興機構の調査によれば、「自分はだめな人間だと思うことがある」という問いに対して、日本人の72・5%が「まあそう思う」「とてもそう思う」と答えている。一方他の国は、中国が56・4%、アメリカが45・1%、韓国が35・2%といずれも日本より低い結果が出ている。

ようになります。そしていつまでもその感情にとらわれ、「他人から嫌われないように自分を変えよう」といった前向きで建設的な行動に出ることができません。またあきらめや逃避といった特徴もあります。何かやりたいことがあっても、「自分には無理だな」と考え、結局何もしないままの状態を続けてしまうのです。つねに「自分はダメな人間」と考えているため、自らの可能性を認められず、何事にもチャレンジすることができません。

さらに自己肯定感が低い人は、何かと「他人と自分を比較」してしまいます。自分を認めることができないため、つねに欠乏感があり、それを穴埋めするべく他人との比較を行ってしまうのです。これが高じると、他人に対して攻撃的になるなど、人格障害に発展する場合さえあります。

人格障害
パーソナリティ障害とも呼ばれる。感情や衝動などの偏りが原因で、対人関係などで問題を生じさせてしまう精神疾患。

ではどうすれば自己肯定感を高めることができるのでしょうか？もっとも大事なことは「自分を否定しない」「ありのままの自分を受け入れる」ということです。たとえば失敗しても「自分はダメな人間」と考えるのではなく、「こんな自分もありだな」「まあいいか」と考えるようにするのです。その上で失敗した原因を冷静に分析し、対応策を考えるのがベストです。

そして新しいことにチャレンジするのも自己肯定感を高めるきっかけになります。何かやりたいことがあったら、失敗を気にせず「とりあえずやってみよう」と挑戦してみましょう。

ただし、自己肯定感が高い人でも嫌なことがあったときには落ち込みます。無理して自己肯定感を高めようとせず、自然体を大事にすることを心がけてください。

自然体
柔道や剣道で使われる言葉で、体にムダな力を入れず無理のない状態で立った姿勢のこと。転じて気負いのない状態や自然な状態の意味で使われる。

COMMUNICATION

コミュニケーションが
うまくいかない

自分の弱さを知られるのが怖い

人に悩みを打ち明けられない

苦手

半分以上の人が仕事上の悩みを他人に相談しない

Question

仕事に関して困っていることを
誰かに相談しますか？

		n	相談するかどうか	
			相談しない	相談相手有
全体		600	53.5%	46.5%
性別	男性	316	58.2%	41.8%
	女性	294	48.2%	51.8%
年代	20代	125	47.2%	52.8%
	30代	146	46.6%	53.4%
	40代	122	63.1%	36.9%
	50代	128	57.8%	42.2%
	60代	79	54.4%	45.6%

「仕事上の悩みに関する調査」
（2017年・働く男女931人／株式会社パーニャカウダ調べ）

言葉は、金銭と思って使え。

——Georg Christoph Lichtenberg
リヒテンベルク

悩みを他人に打ち明けられない最大の理由は「自分をさらけ出すのが怖い」からです。つまり自己開示の問題です。自己開示とは簡単に言えば自分を人前にさらすこと。悩みごとの相談は、自分の弱い部分を相手に見せることにもなるので、怖いのは当たり前です。

リヒテンベルク
ドイツの物理学者、風刺家、ドイツ啓蒙主義の作家。

自己開示
↓
89ページ

相談することは、相談する側にとっても、相談される側にとっても、「信頼」につながります。相談される側には「あなたを信頼しています」というメッセージが暗に伝わるわけですから、決して嫌な気持ちを持たれることはないはずです。

相談できない他の理由として、「承認欲求」が挙げられます。承認欲求とは誰かから認められたいという感情ですが、相談することで相手を失望させてしまう、変な目で見られたくないという気持ちが生まれます。それが一歩踏み出す勇気を失わせるのです。

このタイプの人は、傍から見れば「他人の評価を気にし過ぎる」だけなので、「自分の評価は自分で決める」という確固たる考えをまず身につけるべきです。みんなから好かれようと思わない、どう思われようと構わないと考えてください。実際すべての人に好かれることは不可能です。どんな人気者でも敵はいるものです。

さて実際に相談するときですが、事前に悩みや自分の気持ちを整理しておくとよいでしょう。そのほうが相手に悩みの内容が伝わりやすくなります。また、整理されてない状況で相談すると、相手にムダな時間を使わせることになります。整理するときは頭の中だけで考えるのではなく文章に起こすと考えがまとまりやすいでしょう。

ところで、昨今、企業のコンプライアンス研修で「相談力」という言葉が頻繁に出てきます。これは社員個人が悩みを抱えても自分で判断せず、上司や担当部署に積極的に相談する能力ですが、企業側がトラブル拡大のリスクを減らしたり、風通しを良くしたりするため奨励しています。個人もこれと同じです。自分だけで判断せず、人に相談することで、状況が改善し気持ちもスッキリするはずです。

相談力 他人に積極的に相談する力。それにより能率の向上やリスク回避を行うことができる。最近では相談力をテーマにしたさまざまな書籍が出版されている。

COMMUNICATION

コミュニケーションが
うまくいかない

空気を読めない

状況を察せられずその場の雰囲気を壊してしまう

苦手

70％以上の人が
空気を読めないことに
不安を感じている

↓

Question

“空気を読めていない”と
言われないか不安になることがあるか

	頻繁にある	たまにある	全くない	ある（計）
全体【n=1000】	26.4%	44.4%	29.2%	70.8%
男性【n=500】	23.4%	46.8%	29.8%	70.2%
女性【n=500】	29.4%	42.0%	28.6%	71.4%

「全国の大学生コミュニケーション調査」
（2012年・1000人／東京工芸大学調べ）

多くの人が、話上手だから人との関係は得意だと思っている。対人関係のポイントが聞く力にあることを知らない

――Peter F. Drucker
ピーター・F・ドラッカー

そもそも空気を読めない人とは、どんな人を指すのでしょうか？ひと言で言えば、場の雰囲気や状況などを察せられない、つまり鈍感なタイプです。いわゆる「ＫＹ」です。みんなが「触れてはいけない」と気にしているタブーや禁句を口にしてしまい、しかもそのこと

ピーター・F・ドラッカー
オーストリア生まれの経営学者。経済記者を経て１９３７年にアメリカに渡る。ニューヨーク大学教授やクレアモント大学院大学教授に就任。

ＫＹ
２００６年ごろから女子高生の間で使われ始め流行した言葉。Ｋは「空気」、Ｙは「読めない」の頭文字で、「空気が読めない」を意味している。

に気づかず会話を続けて、周りから顰蹙《ひんしゅく》を買ってしまいます。逆に空気を読める人は、タブーに触れないか、万が一触れたとしても、周りの雰囲気の変化を敏感に察知し、柔軟に話題を変えることができます。

ではKYになってしまう原因は何でしょうか？　1つは「自尊心の高さ」や「自己顕示欲の強さ」が挙げられます。どちらも自分中心主義で、他人にあまり関心を持たないため、人の心や雰囲気を読む技術が劣っているのです。会話だけでなくビジネスの現場でも周りに合わせることができず、とかく自分の仕事を優先するので、陰でKYと呼ばれることが多いのです。

次に「口が軽いこと」もKYの原因です。後先を考えず、何でも口にしてしまうため、つい余計なことを言ってしまいます。「最近太ったね？」など、相手を傷つける言葉を発することもしばしばです。

さて対処法ですが、「自分はＫＹかも……」と思い当たる節がある人は、「聞き役」に徹して相手に同調する努力をしてみましょう。話の聞き手に回ることで、会話をうまく進めるトレーニングをするわけです。聞く側に回れば、下手なことを言って場の雰囲気を崩すことはなくなります。また相手の話をよく聞いて、あいづちやうなずきで応えれば、話し手は「自分の話に同調している」と感じ、あなたに対する好感度も高まるはずです。そして何よりも相手をよく観察できるので、人の心を察するトレーニングにもなります。

ところで医学の世界ではこのＫＹを「大人の発達障害」と捉えることがあります。ただし発達障害はいわゆる病気ではないので治す必要はありません。苦手な部分をうまくカバーすることで個性を伸ばすことができると考えられています。

同調
自分の意見と異なっている他者に対して、意見や行動を合わせていくこと。

発達障害
発達障害には自閉スペクトラム症以外に、行動や思考に落ち着きがない「注意欠如・多動性障害」、読む・書くなどの学習が苦手な「限局性学習障害」などがある。

COMMUNICATION

コミュニケーションが
うまくいかない

思いどおりに動いてくれない
人に指示がうまく出せない

分かりやすい指示は尊敬できる上司に欠かせない条件

Question

尊敬する上司のどんな点を
尊敬していますか？

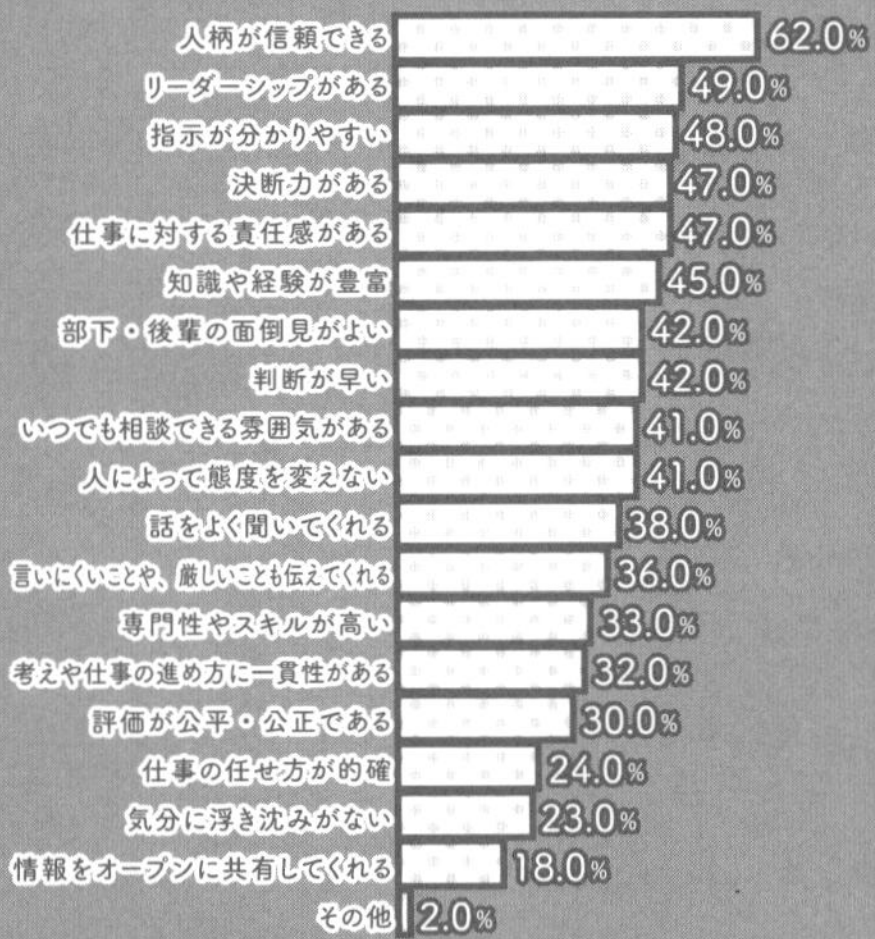

人柄が信頼できる 62.0%
リーダーシップがある 49.0%
指示が分かりやすい 48.0%
決断力がある 47.0%
仕事に対する責任感がある 47.0%
知識や経験が豊富 45.0%
部下・後輩の面倒見がよい 42.0%
判断が早い 42.0%
いつでも相談できる雰囲気がある 41.0%
人によって態度を変えない 41.0%
話をよく聞いてくれる 38.0%
言いにくいことや、厳しいことも伝えてくれる 36.0%
専門性やスキルが高い 33.0%
考えや仕事の進め方に一貫性がある 32.0%
評価が公平・公正である 30.0%
仕事の任せ方が的確 24.0%
気分に浮き沈みがない 23.0%
情報をオープンに共有してくれる 18.0%
その他 2.0%

「上司についてのアンケート」(2018年・7074人／エン転職)

希望は、ひとを成功に導く信仰である。希望がなければ何事も成就するものではない

——Helen Adams Keller
ヘレン・ケラー

ダメな指示で代表的なのが、曖昧であること。具体性に欠ける言葉が頻出《ひんしゅつ》する指示では、受け手はさっぱり理解できません。

また、情報が足りていない指示も不適格です。自分が知っているからといって専門用語を連発したり、5W1H（いつ・どこで・誰が・

ヘレン・ケラー
アメリカの社会福祉活動家。幼い時に重い熱病にかかり視力と聴力を失いながらも、世界各地を歴訪し、障害者の教育・福祉の発展に尽くした。

指示
指示は、送り手と受け手のコミュニケーション。指示がうまく機能するためには、お互いに信頼関係があることが重要となる。たとえば、指示の内容が分からなくても、聞くと怒られそうだからあきらめる……などといった関係では、指示は機能しなくなってしまう。

何を・なぜ・どのようにして）のどれかが抜けていたりしても、正確に指示は伝わりません。とはいえ、何でもかんでも情報量を増やせばいいわけではありません。情報量が多いと、理解度は逆に下がってしまうからです。

とくに気をつけたいのが、指示の中で省略されがちな「なぜ」です。指示を出す側は、何のためにその作業や仕事が必要なのかを分かっていますが、指示される側はそれを教えてもらえないと、「何のために？」と思ってしまいます。自分に与えられた仕事が何のためなのかを知っているか知らないかでは、モチベーションにも大きく影響を与えます。目的意識の共有もできません。

人に指示して動いてもらうために重要なのが、「自己効力感」を高めてあげることです。「自己効力感」は心理学者のバンデューラが唱えた

5W1H

Who（だれが）、When（いつ）、Where（どこで）、What（なにを）、Why（なぜ）、How（どのように）を示す言葉。この「5W1H」を意識して文章を構成することで、伝えたい情報が明確になり、かつ過不足なく伝えることができる。

自己効力感

自己効力感を高めるためには、次の5つの方法が効果的とされる。

・達成経験……過去に自分が努力して達成した事柄を想起し追体験すること。

・代理体験……他人が行う過程を観察し、自分もできることと認識すること。

・言語的説得……達成

概念です。人は課題に直面したときに結果を予測します。それをネガティブに考えるのではなく、「自分にはできる」と想像することを指します。

「自己効力感」を育むためには、小さな目標をいくつも達成させ、徐々に自信を持たせることが欠かせません。もちろん、目標を達成した際には、しっかりと褒めることもその後のやる気につながっていきます。

人への指示は、伝えることがゴールではありません。伝えたことをしっかりと実行してもらう必要があります。そのためには簡潔明瞭で、指示される側のやる気を起こさせるものでなければなりません。指示が分かりにくいと、指示される側は混乱してしまい、期待した動きをしてくれません。指示の内容をしっかり準備することが人を動かすための近道です。

可能と説得を受けたり、自分自身でも納得したりすること。
・生理的情緒的高揚……熱血ドラマや伝記などから感化されること。
・想像体験……うまくいく過程をシミュレーションし、脳に記憶として刻み込むこと。

バンデューラ
アルバート・バンデューラ。カナダの心理学者。自己効力感や社会的学習理論で知られる。

COMMUNICATION

コミュニケーションが
うまくいかない

先頭に立って人を動かすのが苦手

リーダーシップに自信がない

苦手

若者の約半数が出世したいとじつは考えている

Question

将来、出世したいと考えている？

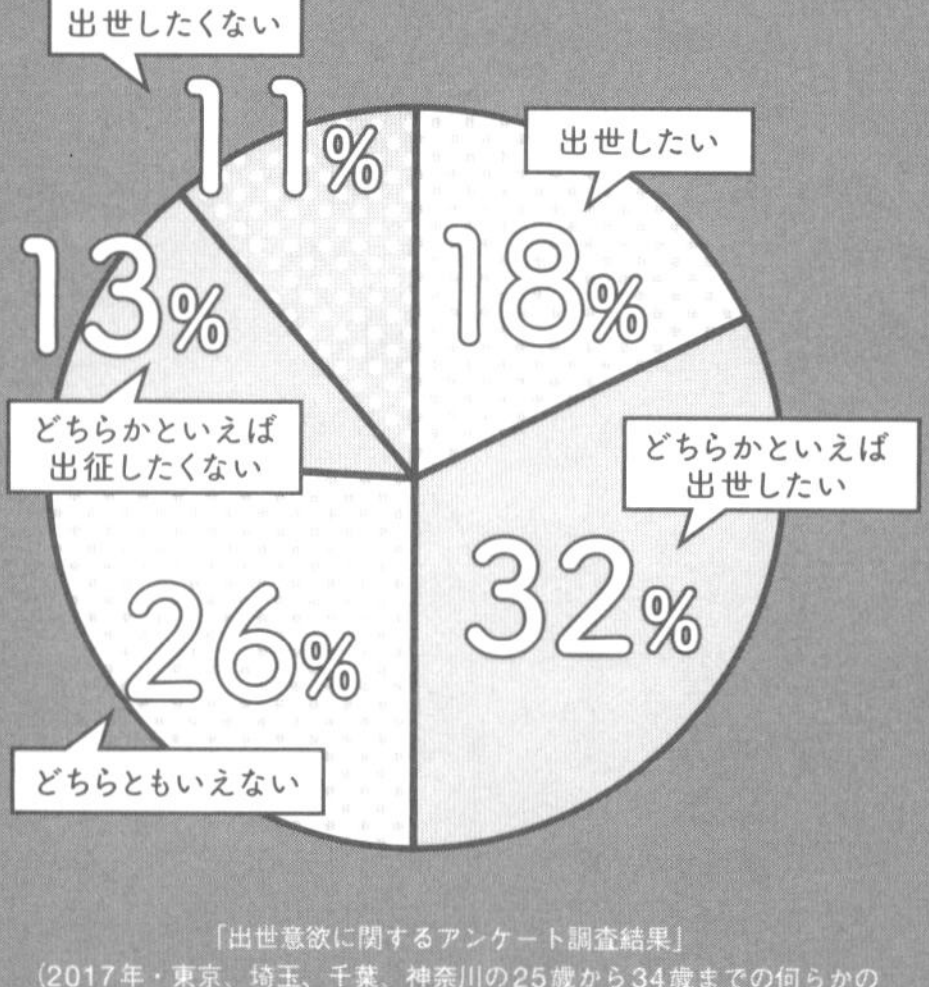

出世したくない
11%
出世したい
18%
どちらかといえば
出征したくない
13%
どちらかといえば
出世したい
32%
26%
どちらともいえない

「出世意欲に関するアンケート調査結果」
（2017年・東京、埼玉、千葉、神奈川の25歳から34歳までの何らかの形で現在働いていると回答した486人／株式会社マネジメントベース）

もっとも優れた人は、万人の召使いにもなれる人である

——Napoleon Hill
ナポレオン・ヒル

リーダーシップをとることは、自分には無理と思っている人は多いでしょう。でも、考えてみてください。たとえば、会社という組織での仕事では、必ず他の人の力を借りるシチュエーションが発生します。その場合、あなたはさまざまな場面で人を動かしていると言えます。

ナポレオンヒル
アメリカの作家。成功者500人以上へのインタビューをまとめた『思考は現実化する』を著し、自己啓発プログラム「ナポレオン・ヒル・プログラム」を生み出した。

会社という組織
会社組織の多くはピラミッド構造となっており、指揮命令系統が上意下達であり、軍隊組織が原型といわれる。これは組織の末端は「指示待ち」であることを求められていると も言え、現場の判断力低下につながることから、最近ではフラット構造の組織づくりも広がっている。

心理学では、集団の中で他の人以上に影響力を持っている存在をリーダーと呼び、集団の目標達成に向けて影響を及ぼす過程や、集団内の人に影響を及ぼす過程をリーダーシップと呼んでいます。逆にリーダーに従う人はフォロアーと呼ばれます。

ドイツの心理学者であるクルト・レヴィンは、リーダーシップのタイプを専制型・放任型・民主型の3つに分類しました。

専制型のリーダーシップは、短期的には他の類型よりも仕事量が多くなり、高い生産性を得られますが、長期的には、メンバーが相互に反感や不信感を抱くようになります。放任型のリーダーシップは組織のまとまりもなく、メンバーの士気も低く、仕事の量・質ともにもっとも低くなる傾向にあるようです。民主型のリーダーシップは、短期的には専制型リーダーシップより生産性が低いのですが、長期的には高

フォロワー
フォローする人の意味で、リーダーを補佐したり、その後に続いたりする人のことを指す。

クルト・レヴィン
ドイツの心理学者。人は達成できなかった事柄や中断している事柄の方を、達成できた事柄よりもよく覚えているという「ツァイガルニク効果」の研究などが有名。

い生産性を上げられるとともに、メンバー間に友好的な雰囲気が生まれ、集団の団結度が高くなる特徴があります。

レヴィンは、民主型リーダーシップが作業の質・作業意欲・効果的な行動などの点でもっとも有効であると結論づけています。

リーダーシップの類型を知ったところで、自分はフォロワータイプだと考えている人は、そもそもリーダーシップなどないと思うかもしれません。でも先述したように、他人の力を借りることは、人を動かすことにつながります。その延長線上にリーダー的存在があると考えれば、そこまで自分とかけ離れた存在ではないと感じられるでしょう。

指示に従うことが多いフォロワータイプの人は、気分よく行動できる指示の出し方・出され方を理解しているはずです。フォロワータイプの人は、民主型リーダーシップを発揮しやすい人だとも言えます。

COMMUNICATION

コミュニケーションが
うまくいかない

人をまとめる自信がない

仕切りが苦手

幹事経験者の7割がまたやってもいいと回答している

Question

また幹事をやりたいですか？

また幹事をやりたいですか？（単一回答、n＝517）

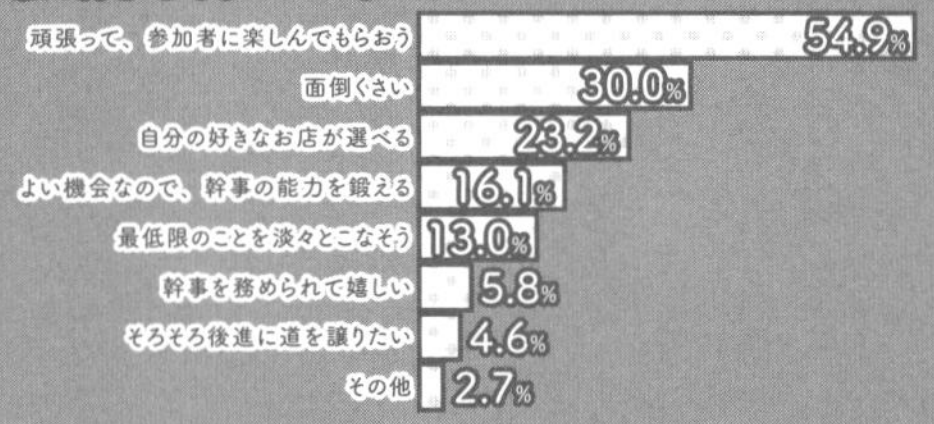

頑張って、参加者に楽しんでもらおう 54.9%
面倒くさい 30.0%
自分の好きなお店が選べる 23.2%
よい機会なので、幹事の能力を鍛える 16.1%
最低限のことを淡々とこなそう 13.0%
幹事を務められて嬉しい 5.8%
そろそろ後進に道を譲りたい 4.6%
その他 2.7%

幹事を務めることになったときに思ったこと（複数回答、n＝517）

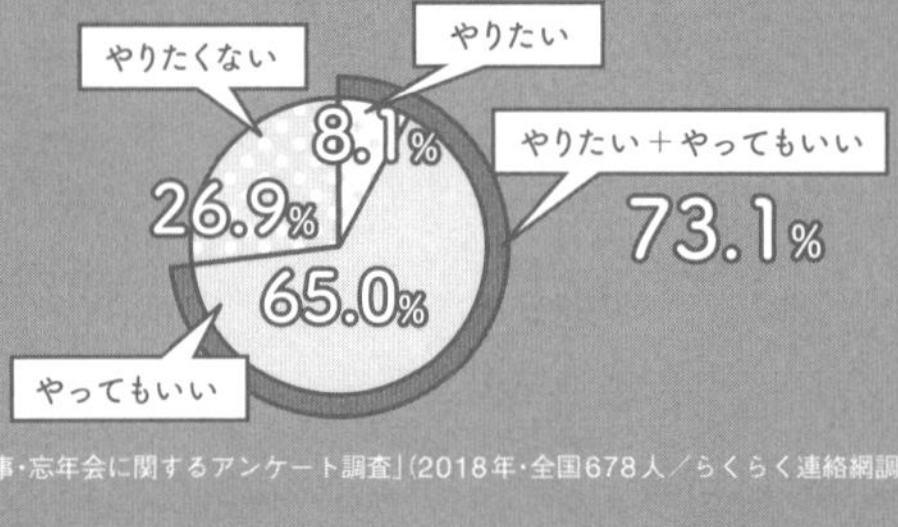

やりたくない
26.9%
やりたい
8.1%
やりたい＋やってもいい
73.1%
65.0%
やってもいい

「幹事・忘年会に関するアンケート調査」(2018年・全国678人／らくらく連絡網調べ)

わが身のことに手いっぱいで、人の役に立てないと、高い地位にものぼれない

――エジプトの格言

場を仕切ることを苦手か得意かと決定づけるのは「成功体験」です。「成功体験」をものにすると、肯定的な意識を形成できます。成功体験をものにするために大切な要素として、「気配り力」と「計画力」が挙げられます。これを身につけることが仕切り上手になる秘訣です。

成功体験　成功体験を積み重ねることによって「自己効力感」を得ることができる。自己効力感とは「自分にはきっとできる！」と思える感覚のこと。

場を仕切ると言えば、身近でまず思い浮かぶのが「飲み会の幹事」ではないでしょうか。やってみたら楽しかった、感謝されてうれしかったといった体験を持つ人はまた幹事をやりたくなります。一方、いまひとつ盛り上がらなかった、人が集まらなかったなどの嫌な体験を持つ人はもう二度とやりたくないと考えがちです。

飲み会の幹事は「気配り力」と「計画力」を鍛える絶好の機会です。たとえば日程調整。候補日を列挙して選択方式で返信してもらう、決定したらすぐにみんなに知らせるといった細かいフォローが「気配り力」ということになります。この能力は、いかに相手の気持ちに立って事を進められるかが要求されます。

一方「計画力」は会をどう盛り上げるか、予算をどう抑えるかなど考えることが多岐に渡ります。一朝一夕に身につく能力ではないため、慣れない人は思いきって、経験者の助けを仰ぐとよいでしょう。どうすれば欠席者をなくせるか、進行はどうすればよいかなど、1人で悩むのではなく、経験者に積極的に相談するのです。これは会議や仕事の打ち合わせなどの仕切りでもまったく同じです。

そして一番大事なのは、本人が楽しんでやること。「誰もやらないからやらされた」と被害者意識を持つのではなく、自分にとってのさまざまなメリットを考えるのがよいでしょう。たとえば予定の調整、進行管理、予算管理などは、ある意味ビジネススキルに通じるものがあります。自分の能力を高める良い機会だ――と考えることで肯定的な意識になることができます。

実際多くの社長が「リーダーシップとは何か？」と尋ねられて「肯定的であること」と答えています。

被害者意識
人間には「損失回避性」（→25ページ）という習性がある。被害者意識が強い人はこの「損失回避性」が強く、損得に非常に敏感だ。金銭的・時間的・労力的に少しでも損をすると、自分は被害を受けたと考えてしまう。

リーダーシップ
松下幸之助（→161ページ）はリーダーシップの条件の1つとして「感謝協力」を挙げている。「感謝協力」とは、感謝の心を抱き、互いに協力し合うこと。これにより相互の信頼が深まるとしている。

第4章

生に

LIFE-CHANGING

これができたら
もっと明るい人

意欲や意思の力に頼らず
考え方を変えてハードルを下げる

自分に厳しくできない、フットワーク軽く行動できない、何をするにもやる気が起きない……。これらの問題はすべて意欲や意思に関係するもので、大なり小なりほとんどの人が解決したいと考えている問題ではないでしょうか。何かの行動を起こしたり、それを続けていくためには、大きな意欲や強い意志が必要です。ただ、意欲や意思を持ち続けることは簡単ではありません。たいていの人はすぐに誘惑に負けてしまうものです。この章では、大きな意欲や強い意思の持続方法といった難易度の高いことではなく、物事に対する考え方を変えることでハードルを下げるようなコツを紹介します。

LIFE-CHANGING

これができたら
もっと明るい人生に

ルーズになりがちな性分をなんとか直したい

自分に甘い性格で厳しくできない

ほとんどの人が
自分に甘い性格。
厳しい人は2割以下

↓

Question

あなたは自分に甘いほう?厳しいほう?

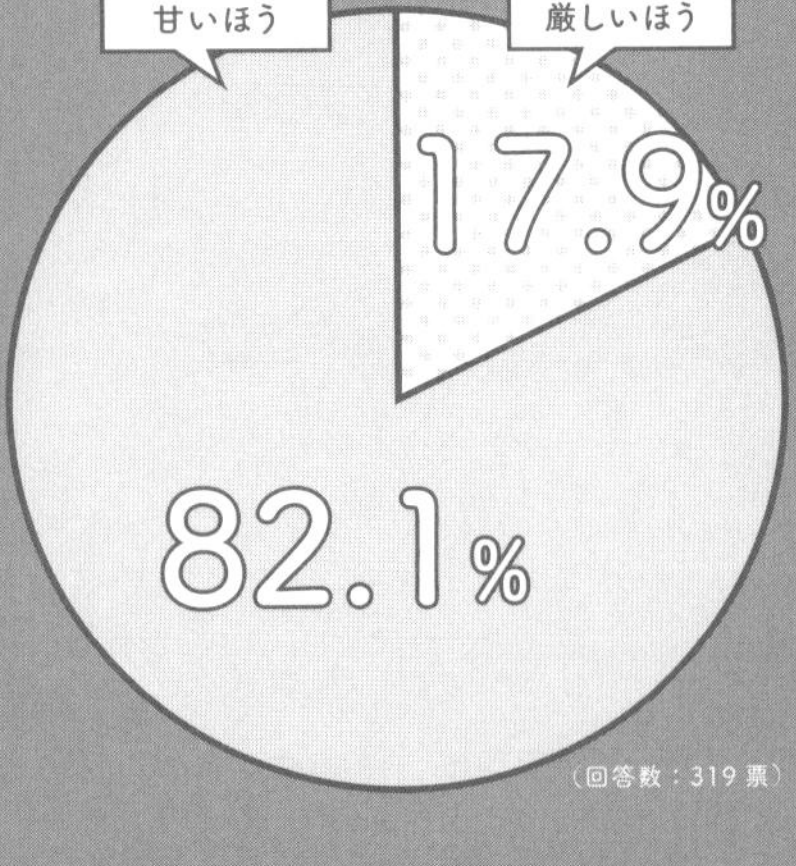

（回答数：319 票）

社会人意識調査「あなたは自分に甘い方？ 厳しい方？」
（2017年・番組リスナー319人　TOKYO FM「Skyrocket Company」調べ）

経験によれば、自分に対して弱くて寛容であることと、人に対して厳しいことが、同じ悪徳にすぎないことは確かである

――Jean de La Bruyere
ラ・ブリュイエール

自分に厳しい性格になれる手っ取り早い方法は、「責任転嫁をしない」思考を身につけることです。自分に甘い人には「だって」「どうせ」「でも」という思考が頭に渦巻いています。それを頭から追い出してしまうことが大切なのです。

ラ・ブリュイエール
17世紀のフランスの作家。著書に『人さまざま』など。

産業心理学の専門家、ピアーズ・スティール氏によれば、世界の人口の95%が「ギリギリまで仕事を先延ばしする」、つまり「自分で決めたことを守らない」傾向があるというのです。世の中には自分に厳しい人のほうがむしろ少ないと言ってもよいでしょう。

たとえば仕事で同僚が締め切りを守らなかったとします。あなたは「あいつは努力が足りないな」と思うはず。しかし逆にあなたが守らなかったときはどうでしょう。「周りの協力がなかったから」「他の仕事が忙しかったから」など、理由を他人や状況に求めていませんか？

人間は他人の行動を評価するとき、その人の状況ではなく「能力・性格」で判断する傾向があります。一方、自分自身の行動を振り返るときは、その原因を「他人」「状況」「運」といったものに責任転嫁しがちです。つまり他人には厳しくて自分には甘い、判断の仕方が公平で

ピアーズ・スティール
心理学者、カナダ・カルガリー大学ビジネススクール教授。先延ばし研究の第一人者として知られている。過去40年間にわたり、世界中の人々に対して「先延ばし」に関する調査を行った。著書に『ヒトはなぜ先延ばしをしてしまうのか』(CCCメディアハウス)。

はないということです。これを心理学では「行為者—観察者バイアス」と呼びます。
このバイアス（偏り）が大きい人ほど自分に甘い性格だということが言えます。締め切りの例で言えば「だって締め切りを守れなかったのは自分のせいじゃないし」と自らを許すことになり、次に締め切りが迫ってきたときにも「どうせまた同じ状況だから多少遅れてもいいや」という考えになってしまいます。逆に責任転嫁のクセを直せば、「締め切りを守らないのは自分の責任」「早朝出社してでも期限は守ろう」と自分に厳しい考え方に変わることができます。
ただし自分に厳しくするというのは自分を追いつめるということでもあります。それが度を超すとストレスが溜まりうつや過労の原因にもなりかねません。ときには自分を許すことも必要になります。

行為者—観察者バイアス
同じ行動や結果でも、他人が行った場合はその人の性格や能力に原因があると考え、自分の場合は自分以外の外的要因に原因があると考えてしまう傾向。

うつ
うつは性格や環境要因などが重なって発症する。うつになりやすい人として完璧主義者や自分に厳しい人、責任感の強い人などが挙げられる。

LIFE-CHANGING

これができたら
もっと明るい人生に

営業

フットワークが軽い人に憧れる 行動力がない

営業職に求められる能力アンケートでは行動力がトップ

Question

営業にとって必要な能力って何？

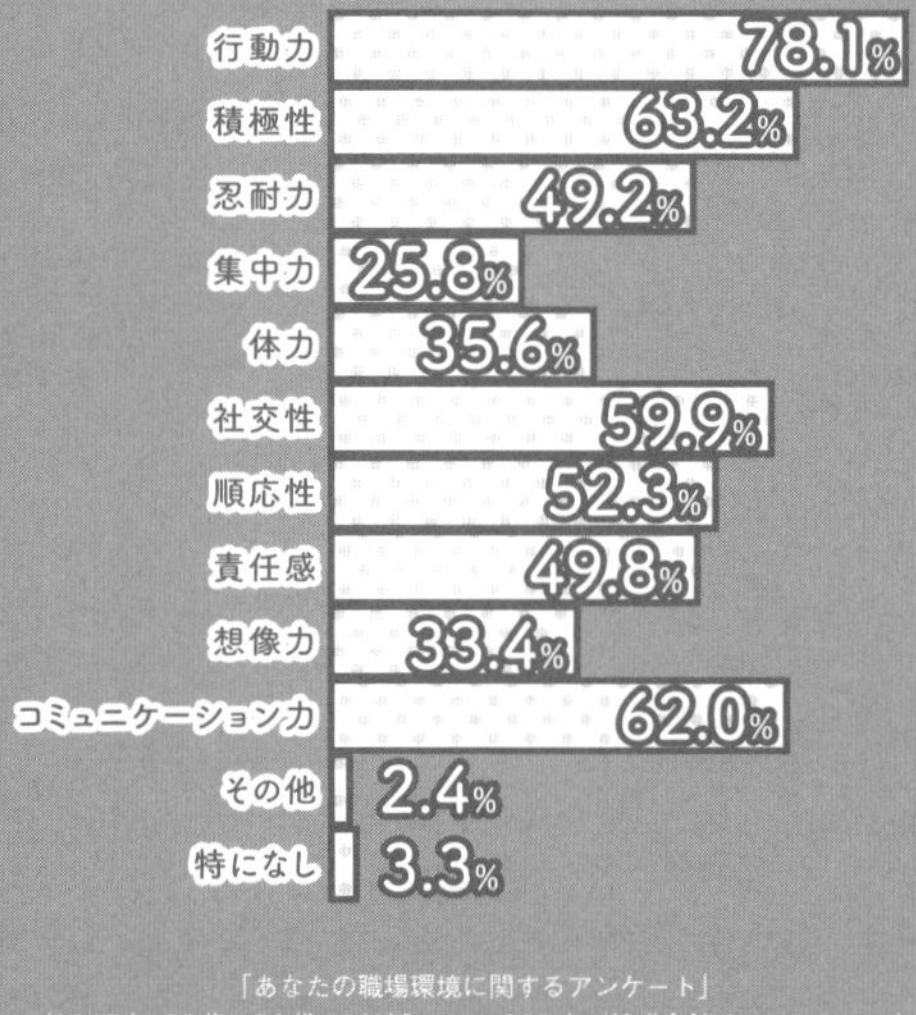

行動力 78.1%
積極性 63.2%
忍耐力 49.2%
集中力 25.8%
体力 35.6%
社交性 59.9%
順応性 52.3%
責任感 49.8%
想像力 33.4%
コミュニケーション力 62.0%
その他 2.4%
特になし 3.3%

「あなたの職場環境に関するアンケート」
（2015年・20代～50代のビジネスマン329人／株式会社イノベーション）

生きるとは呼吸することではない。行為することだ

――Jean-Jacques Rousseau
ルソー

食事をする、寝るといった生理的欲求にもとづいた行動とは別に、心理的なハードルを乗り越えなければいけない「社会的動機づけによる行動」があります。心理的なハードルは行動力を妨げる一因となります。このハードルを越えるために武器となるのが「危機感」です。

ルソー
フランスの思想家・文学者。『社会契約論』で「自由・博愛・平等」のスローガンを掲げ、フランス革命に多大な影響を与えた。

動機づけ
モチベーションともいう。行動を開始し、目標に向かってそれを維持する機能のこと。人がなぜそのような行動をとったかを分析することは、心理学においての中心的なテーマでもある。

人が行動する理由を心理学では「動機づけ」という言葉で説明します。動機づけは「生理的動機づけ」と「社会的動機づけ」の大きく2つに分けられます。

生理的動機づけとは、生理的欲求から生まれるもの。生理的欲求に伴う行動は、心理的なハードルを意識せず自然に行っていますが、社会的動機づけによる行動には目的意識が必要になります。目的意識が強ければ、行動を起こすことにブレーキはかかりません。ただ、たとえ目的意識があっても、面倒だという気持ちや結果に対する不安といったものが先に立つと、心理的なハードルになってしまいます。そのため、行動になかなか移せないといったことになりがちです。そこで有効となるのが「危機感」です。

人は危機を感じると、それを回避しようと全力で行動します。火事

危機感

快楽原則とは精神分析学の概念で、人間が快楽を求め苦痛を避けること。快楽に関する物事には積極的に行動するが、苦痛を伴う行動は避けるという原則からすれば、危機意識による行動はまさに苦痛を避けるためのものといえる。

場の馬鹿力といった言葉は、まさに危機に直面した人間が、通常では考えられない力を発揮することを意味しています。

火事場の馬鹿力は、じつは誰でも身近なことで経験しています。夏休みの宿題や仕事の締め切りなどがそれです。締め切りを前にすると集中力が高まり、全力で締め切りを守ろうとするのは、締め切りを守れなかったことによって起こるであろう危機を回避しようとするからです。この危機感＝締め切り効果を行動力に利用するわけです。

たとえば、髪を切るために美容院に予約を入れる。あるいは、営業の仕事ならアポイントを先に取る。予約やアポイントという期日が決まると、よほどのことがない限りそれに従って行動することになります。自ら締め切りを作ることで、そこに至るまでの行動も自ずと変わってくるはずです。

締め切り効果

取り組んでいる作業にかけられる時間が少なくなるにつれて、そのモチベーションや集中力が高まっていくこと。逆に時間に余裕があると感じると、なかなか集中力が高まらない傾向がある。

LIFE-CHANGING

これができたら
もっと明るい人生に

なぜだか分からないけれど、やる気が起きない
何をするにも意欲が湧かない

多くの人が
たまに＆ときどき
やる気モードになる

Question

商談やプレゼン、締切前など、あなたが仕事でやる気モードになるときはありますか。

仕事でやる気モードになるときはありますか

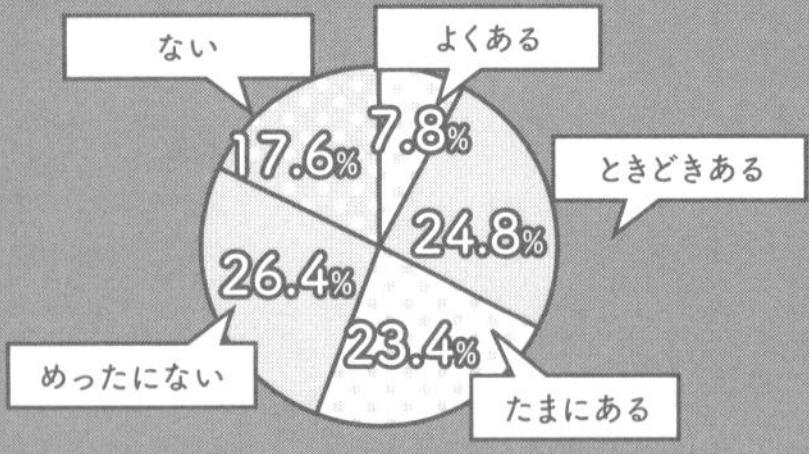

よくある 7.8%
ときどきある 24.8%
たまにある 23.4%
めったにない 26.4%
ない 17.6%

仕事でやる気モードがオンになるのはどんなときですか

失敗が許されない仕事に取り掛かるとき	102人
締め切りがタイトな仕事を引き受けたとき	89人
大事な取引先へのプレゼンがあるとき	85人
自社内の大事な会議で発表があるとき	69人
疲れているけれどやらなくてはならない「仕事がある」とき	51人
出来る気がしない仕事を任されたとき	26人
その他	3人

「仕事のやる気モードについてのアンケート調査」
（2016年・20〜40代の働く男性500人／保険クリニック調べ）

物事は、求めれば手に入るが、なおざりにすれば手からすり抜けてしまう

——Sophoklés《ソフォクレス》

やる気が出ない理由はいくつもありますが、代表的なものが「やることが漠然としている」「時間的、心理的な余裕があり過ぎる」「求めている結果がなかなか出ない」です。いずれも自分の手が届く範囲での目標を目指すということにつながります。

ソフォクレス
アテネの作家。ギリシャ三大悲劇作家の1人。著書に『オイディプス王』など。

やる気
やる気に関しては心理学者のアトキンソンが提唱する「やる気の強さの方程式」や、勇気づけの心理学と呼ばれる「アドラー心理学」などの研究がある。

①やることが漠然としている

目標が曖昧だったり大き過ぎたりすると、人は意欲を高められません。たとえば「世界的に売れる商品を考えてくれ」と上司に言われても、実際何をすればよいのか分からず、現実味がありません。逆に「何から始めるか」が明確ならば意欲が湧きます。商品開発なら「まず社内で大評判の商品を作る」、ダイエットなら「とりあえず5kg痩せる」、貯金なら「10万円貯める」など実現可能な目標を立てるわけです。

②時間的、心理的な余裕があり過ぎる

人間はある程度追い込まれないとやる気になりません。そのため「〇月〇日までに5kg痩せる」と、自分自身に制約を課すことが必要になるのです。過度の追い込みはやる気を削ぎますが、適度な追い込みは目標を明確化することになり効果的です。

③求めている結果がなかなか出ない

たとえば一生懸命ダイエットに取り組んでいるのに、なかなか痩せないといったケース。人は思うように事が進まないと「どうせやってもダメだろう」とネガティブな感情を抱いてしまいます。この場合の対処法は「小さな成果に目を向ける」です。「体重は落ちないけど、体は引き締まってきた」などといった具合に、見方を変えてみるわけです。視点を変えれば、新たな課題が見えてきて意欲も湧いてきます。

その他、意欲向上のポイントとなるのが「健康管理」です。睡眠や食事に気をつける、生活のリズムを整えるといったことも意欲向上の助けになります。また脳の栄養補給も重要です。「やる気が出ない」のは、脳の活動が低下している状態なので、それを活発化させるために、脳の栄養補給、とくにブドウ糖を十分に摂るようにしてください。

脳の栄養補給

米国ジョージア大学のゴールド博士がアルツハイマー病の患者にブドウ糖とサッカリンを摂ってもらって認知機能の変化を調べたところ、ブドウ糖のほうがサッカリンに比べ、言葉や文章への理解、記憶などが良くなっていたという。このようにブドウ糖は脳の働きにも大きな影響を及ぼす。

LIFE-CHANGING

これができたら
もっと明るい人生に

仕事や人間関係がわずらわしい

何においても面倒くさがり

莫

面倒くさがりだと感じる人は7割以上にも上る

Question

あなたはご自身を
「面倒くさがり」だと思いますか。

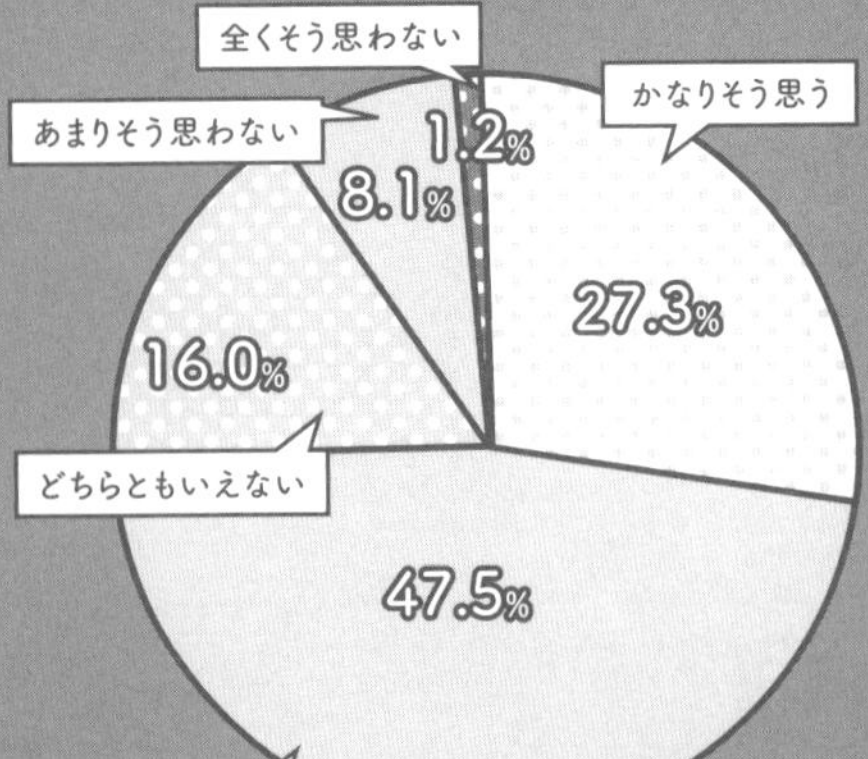
全くそう思わない
1.2%
かなりそう思う
27.3%
あまりそう思わない
8.1%
16.0%
どちらともいえない
47.5%
まあそう思う

「面倒くさい」に関するアンケート
（2010年・13802人／DIMSDRIVE調べ）

眠っている狐の口には、何1つ転げ込んでこない

――フランスの諺

面倒くさいと感じることを、どうしてもやらなければならない場合、もっとも効果的なのが「可視化」と「細分化」です。

何かを面倒くさいと感じるときは、脳はダメージを受け何も考えられない状態になっています。しかし仕事の手順を紙に書くなどして視

可視化
直接見ることのできない物事の関係や手順などを、画像・図・グラフ、フローチャートなどを使い目に見える状態にすること。

覚化すれば、考えることなしに作業を進めることができます。また細分化することで、少しずつでも仕事を片づけることができれば、達成感もあり、ストレスを感じずに仕事を進めることができるのです。

仕事や人間関係など、すべてが面倒くさく感じられ、まったくやる気が出ないというのは、誰にでもある経験だと思います。面倒くささが重症化すると、しまいには起きることや食事をすることすら煩わしく感じるようになります。しかし誰でもはじめから「面倒くさがり」なわけではありません。ちょっとしたきっかけが原因でイライラし始め、それがさまざまな出来事に伝染し、重い症状に陥っていくというわけです。

たとえば友達と良好な関係を保っていたのに、頼まれごとをされて面倒だと感じ始め、やがて人間関係自体がイヤになってしまう。忙しいのでデスクの片づけを怠っていたらどんどん書類が溜まってきて、片づけどころか仕事自体もやりたくないと感じるようになったといった具合です。こうした状況に陥ると、モチベーションが大幅に下がるため、やる気もまったく起きず、きっかけとなった問題を解決することができません。

この場合は「細分化」を応用して、とりあえず身の周りで「面倒くさい」と感じない事柄を探すことも面倒くささの払拭《ふっしょく》に有効です。たとえば「掃除は面倒」でも「料理は面倒ではない」といったように苦痛を感じないものがあるかと思います。その「面倒くさくない分野」に力を入れてみるのです。そうすれば、いままで怠けていた脳や体がうまく働き始め、他のことをやることも苦ではなくなってきます。

モチベーション
人が何かを行うときの動機づけや意欲、ヤル気。モチベーションが高くなると集中力がつき、自分に自信が持てるようになる。

LIFE-CHANGING

これができたら
もっと明るい人生に

集中力が続かない

物事に集中できない。集中できても時間が短い

**仕事への集中力は
1～2時間しか
持続できない**

Question

仕事における集中力は
どのくらい続きますか

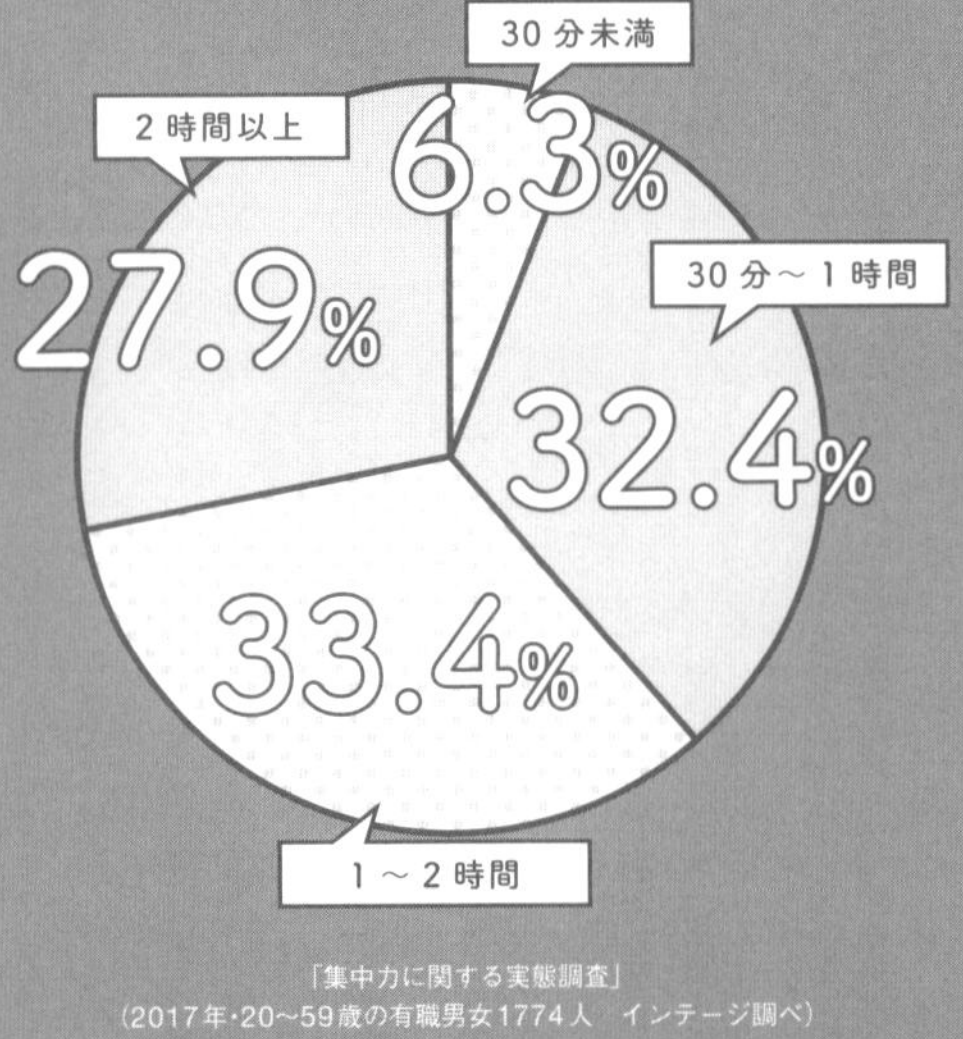
30分未満
6.3%
30分～1時間
32.4%
1～2時間
33.4%
2時間以上
27.9%

「集中力に関する実態調査」
（2017年・20～59歳の有職男女1774人　インテージ調べ）

勝負どころでの集中力を発揮するには、集中できる環境を自らつくり出すことこそが大切だと思っている

——羽生善治

集中力が続かない理由には、内的なストレスと外的なストレスがあります。自分の集中力に不満がある人は、まずこの内的・外的なストレスをチェックし改善していくことが大切です。

内的なストレスとは、本人の体調、精神状態に左右されること。睡

羽生善治
日本の将棋棋士。史上初の七冠王。史上5人目の1200勝を最年少（当時41歳）で達成した。

外的ストレス
外的ストレスには、人間関係、習慣、社会規範など社会環境によるプレッシャーと、音、光、温度など自然環境によるプレッシャーがある。上司との人間関係などは前者に分類され、これも集中力を削ぐ原因になる。

眠不足だったり、不安や苛立ちなどの感情的抑圧を抱えたりしている状態では集中力が続きません。また栄養不足、とくに水分や糖質が不足していると集中力は長続きしません。

外的なストレスとは、周囲の音がうるさくて気が散る、ＰＣに頻繁にメールが来て対応しなければならない。打ち合わせが多く自分の仕事が中断されるといったものです。

また、集中力の観点から、次の２つに人を分けることができます。

①集中するまで時間がかかる人

環境など外的なストレスに左右されやすいタイプです。工事の音がうるさい、部屋が汚いといった環境ではなかなか集中することができません。また、他人の雑談なども気になってしまいます。対処法はカフェや図書館など自分が集中できる場所を探すことです。会社では人があまりいない早朝などに集中力が必要な仕事をするとよいでしょう。このタイプは一度集中するといつまでも熱中できるので、最適な環境さえ見つけられれば大きな成果を上げることができます。

②集中するまでが早い人

集中しようと思ったらすぐに入りこめるタイプです。分散集中ができ、周りの状況を正確に把握する能力を持っています。また頭の切り替えが早いので複数の仕事を頼まれても器用にこなすことができます。このタイプは集中できる時間は長いのですが、集中の度合いが浅いのが短所です。また、しなければならない仕事が増えると、1つひとつの仕事が雑になってしまうことがあります。とくに意識して仕事を丁寧にするように努力してみましょう。そこさえ気をつければ、あなたの評価はどんどん高まるはずです。

分散集中
メンタルトレーニングなどで使われること言葉。視野を広くすることで、集中力を分散させ、迅速に必要な情報をキャッチする。

LIFE-CHANGING

これができたら
もっと明るい人生に

ダイエットしてもいつも失敗する
痩せられない

ダイエットは
成功する人より
失敗する人が多い

Question

あなたはダイエット体験がありますか。

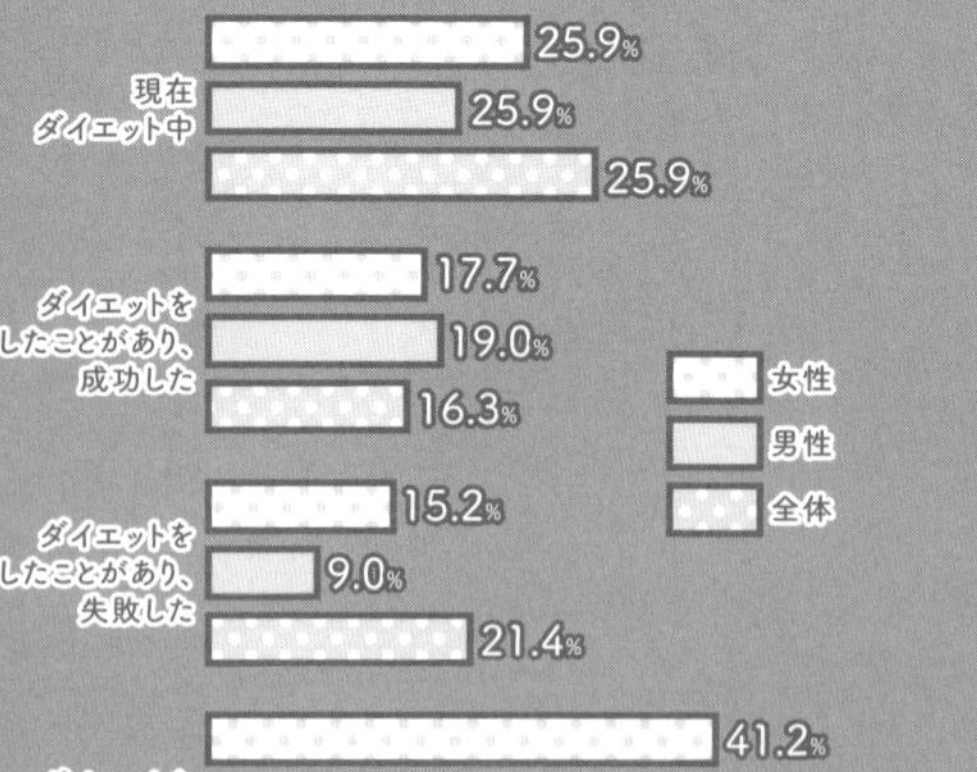

現在
ダイエット中
25.9%
25.9%
25.9%
ダイエットを
したことがあり、
成功した
17.7%
19.0%
16.3%
ダイエットを
したことがあり、
失敗した
15.2%
9.0%
21.4%
ダイエットを
したことがない
41.2%
51.6%
30.9%
女性
男性
全体

「ダイエットに関する調査」
(2008年・1053人/㈱バルク調べ)

節食家は自分自身の医者である

――中世ラテンの諺

ダイエットに挑戦してもなかなか結果を出せないのは、途中で「挫折」してしまうからです。

この挫折は「目標の明確化」で回避できると、多くの心理学者が指摘しています。つまり目標をはっきり決めることで、ダイエットは成

目標の明確化
多くの心理学理論では目標を明確にすることで目標達成が容易になる、ということが提唱されている。たとえば1970代にアメリカで生まれたNPL（Neuro Linguistic Programming＝神経言語プログラミング）では目標設定の力を身につけたり、引き出したりするための具体的な方法が解説されている。

功するというのです。目標の立て方は「やせて血糖値を下げ健康な体になる」とか「締まった体になり、女性にモテる」など、より具体的なほうがよいと言われます。ではなぜ目標を明確化するとダイエットが成功するのでしょうか？

心理学用語の1つに「カクテルパーティ効果」というものがあります。1953年に心理学者のエドワード・コリン・チェリーによって提唱された「音声の選択的聴取」についての理論です。簡単に説明すれば大勢が雑談するカクテルパーティのような場所でも、興味がある人の会話は自然と聞き取れるというものです。脳は雑音の中から音声を取捨選択して、自分に必要な情報を取り入れているわけです。

これはダイエットに関しても同じことが言えます。その場合、雑音を「さまざまな欲求」や「周囲の声」、聞きたい声を「自分の目標」

エドワード・コイン・チェリー
イギリスの認知心理学者。聴覚に関する研究が有名でカクテルパーティ効果の提唱者。

と考えればよいでしょう。目標がはっきりしていれば、テレビから流れるおいしそうな食べ物の話も、周りからの「本当に成功するの？」と言った揶揄も気にならなくなり、目標に向かって邁進することができるわけです。

また途中経過を視覚化することも効果があります。手法としては岡田斗司夫氏が提唱する「レコーディング・ダイエット」に代表される「記録ダイエット」が有名です。自分の摂取カロリーや食べたもの、体重などを細かくノートなどに記録していくやり方ですが、とくに体重に関してはいままでの努力が明確になりモチベーションが上がるわけです。これも同様に心理学的手法と言えるでしょう。ダイエットが続かないのは、これらの「心理学」を知らないからです。挫折を経験したことがある人は、まずこのポイントから始めてみましょう。

レコーディング・ダイエット
サブカルチャー評論家として有名な岡田斗司夫氏が自著『いつまでもデブと思うなよ』（新潮社）で紹介したダイエット法。毎日摂取する食物とそのエネルギー量を記録する方法で、自身もその方法で大幅なダイエットに成功した。

LIFE-CHANGING

これができたら
もっと明るい人生に

いくら頑張ってもいつも寝坊する
早起きが苦手

直前まで寝ているより時間に余裕を持って起床する人が多い

Question

朝はギリギリ寝ているほうですか。時間に余裕を持って早めに起きるほうですか。

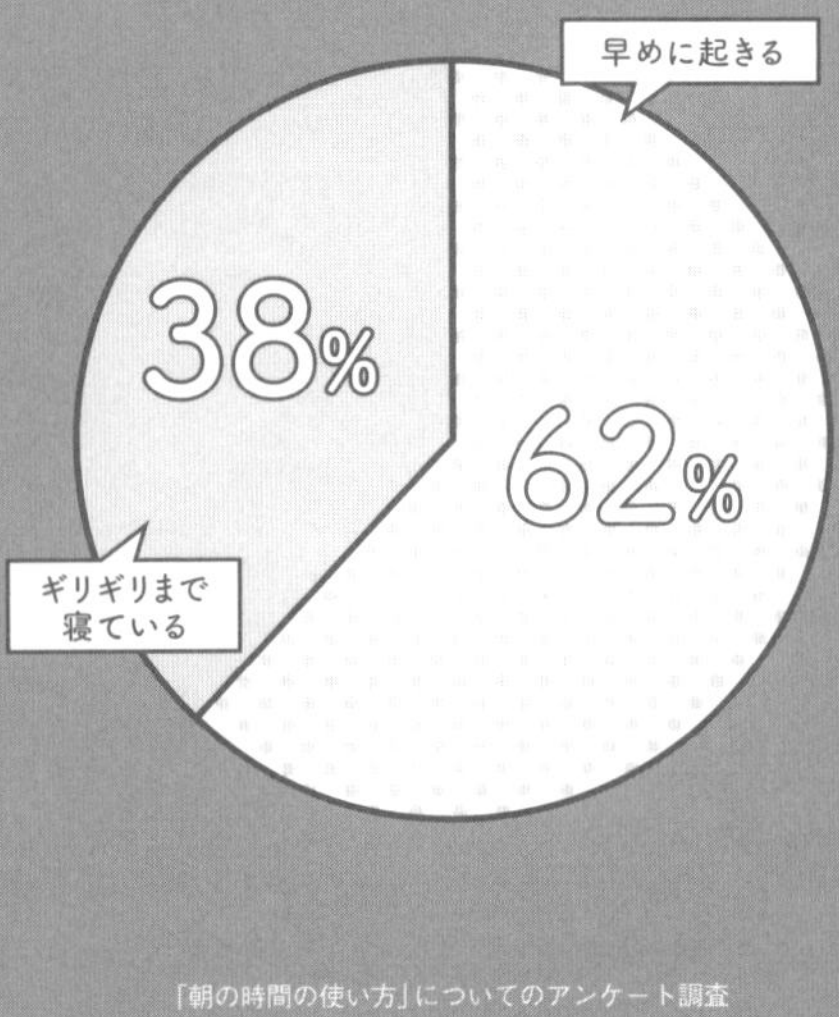

「朝の時間の使い方」についてのアンケート調査
(2015年・1592人/エン・ジャパン株式会社)

早起きは勤勉ということで人から信頼が得られる

――松下幸之助

「起きるのが精神的に苦痛」「本当は起きてテキパキ動かなければいけないのにそれが面倒くさい」といった心理的問題で寝坊してしまう人は意外と多いでしょう。また、人との約束があるのに「まあ少し遅れてもいいや」と自分を甘やかして寝過ごしてしまうタイプもいます。

松下幸之助

パナソニック（旧松下電器産業）グループ創業者。松下政経塾を設立者としても有名。

起きるのが苦痛だったり、面倒くさかったりする人には、「朝起きたときにやることを決めておく」がもっとも効果的です。毎朝起床後にスケジュールの確認をする、体操をする、読書をする、朝食を作るなど、具体的な行動を決めておけば、多少眠くても気持ちと体を切り替えることができます。また朝活を行うのもよいでしょう。

一方、自分を甘やかすタイプの人は、一度早起きのメリットと寝坊のデメリットを箇条書きにしてみるとよいでしょう。これにより早起きへのモチベーションが高まります。

心理的な問題以外に、朝起きられない最大の原因が「夜更かし」です。OECD（経済協力開発機構）が2014年に行った国際比較調査によると、世界主要国の中で日本は2番目に短い「睡眠不足の国」であることが分かりました。スマホやパソコンの普及により就寝時間

朝活
早起きして朝時間を活用し、普段できない活動を行うこと。

国際比較調査
各国の15歳から64歳までの男女の睡眠時間を比較調査したもの。平均睡眠時間がもっとも長いのが南アフリカで9時間22分。最下位は韓国で7時間41分。日本は韓国の次に短眠で7時間43分。

が遅くなっていることが原因だと考えられています。
　人間は体の中に24時間を刻む生物時計と呼ばれるものを持っています。体温や睡眠はこの生物時計のコントロール下にあるのですが、夜更かしをすると生物時計にズレが生じてしまいます。そのため本来夜は眠くなり、昼間は覚醒するというリズムが保てなくなります。結果、夜は寝つきにくく、朝は起きられないという最悪の状態になってしまうのです。
　ただし、規則正しい生活を送っているのに夜は寝つけず、朝はなかなか起きられないという人はまず睡眠環境を変えることから始めてみましょう。たとえば枕やマットレス、布団の硬さ、寝るときの明るさなどを自分に合ったものに変えてみるのです。それでも睡眠が改善しない場合は睡眠障害や病気の恐れがあるので注意が必要です。

生物時計
生物時計は脳内の視床下部に存在する。時計は目から入った光に反応するため、夜更かしなどで明るい照明の下にいると影響を受けてしまう。この生物時計は24時間の地球時間よりもやや長く、朝の光を浴びるなどしてズレを修正する必要がある。

睡眠障害
睡眠障害とは睡眠に何らかの問題がある状態のこと。不眠症だけでなく昼間眠くて我慢できなかったり、睡眠中に病的な行動を行ったりすることも含まれる。

LIFE-CHANGING

これができたら
もっと明るい人生に

お金をムダ遣いする浪費癖を直したい

貯金ができない

苦手

ムダ遣いして
後悔する額は
平均19万7846円

↓

Question

ムダ遣いをしたことはある?

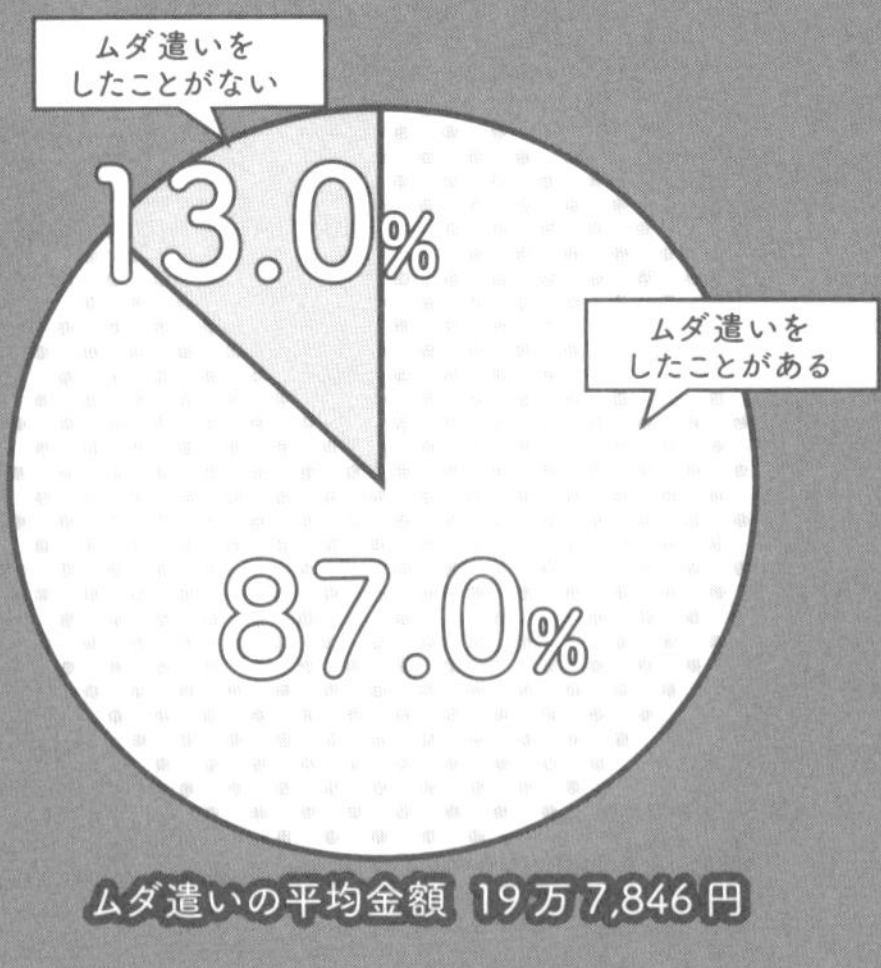

ムダ遣いの平均金額 19万7,846円

「後悔しているこれまで最高のムダ遣いはいくら?」

(2017年・全国20代女性会社員226人、30代女性会社員221人/東証マネ部!調べ)

節約ほど確実な利益の泉はない

――Publius Syrus
プブリウス・シルス

頭では分かっているのだけれど、なぜか浪費してしまう……。これは、「バンドワゴン効果」や「スノッブ効果」といった心理学用語で説明できる現象です。

たとえば街でショップに長蛇の列ができていると、なんとなくその

プブリリウス・シルス
紀元前1世紀の古代ローマの詩人、喜劇作家。著書に『箴言集』など。

バンドワゴン効果
アメリカの経済学者、ハーヴェイ・ライベンシュタインが作り出した用語・概念。バンドワゴンとは、パレードなどで先頭を行く楽隊車のこと。「バンドワゴンに乗る」とは流行に乗ることを意味する。多くのヒット商品の誕生には、この手法が使われている。

商品が欲しくなったり、自分も並びたくなったりしませんか？　これが「バンドワゴン効果」と呼ばれる心理です。バンドワゴン効果とは、ある製品を大勢の人が支持・所有している場合、製品の需要がさらに高まっていく現象を指します。流行に敏感な日本人にはこの効果が日常的に働いていると言えるでしょう。テレビなどで「この商品はみんなが買っている」「大流行している」と言われると、本来欲しくなかったものが欲しくなってしまうのです。

また人は限定品や希少価値が高いものに惹かれる性質も持っています。たとえばテレビショッピングで「限定販売先着100名様に特別価格でご提供」などと宣伝されると、「早く買わなきゃ！」という気持ちになるのではないでしょうか。これが「スノッブ効果（希少性の原理）」です。バンドワゴン効果と同様に、人々の購買意欲を煽ります。

スノッブ効果
バンドワゴン効果と同じくライベンシュタインが作り出した用語。スノッブ効果は誰もが簡単に入手できるものは需要が減少し、入手困難なものほど需要が高まるという概念。限定品や希少品の値段が上がるのはこの原理による。

このように売り手側はあの手この手で人の財布を開かせます。その手法に乗っていてはお金が貯まるはずがありません。

まず大事なのは「マイホームの頭金にするため100万円貯める！」といったように具体的な目標を立てることです。いつまでに何のためにいくら貯めるのか、またそのために何を節約するのかをはっきり決めます。ただしプランは無理のないものでなければなりません。設定額が高いと途中で挫折してしまう可能性があるからです。

最後に「他人に見せびらかしたい」という見栄もムダ遣いの原因となることを覚えておいてください。これは「ヴェブレン効果」と呼ばれるもので、価格が高いものほど見せびらかす効果も高く、需要が高まるという現象です。みんなが多少無理しても高級ブランド商品を買うのはこの効果によるものなのです。

ヴェブレン効果
顕示効果とも呼ばれる。米国の経済学者・社会学者、ヴェブレンの論文に由来する。ヴェブレンは「有閑階級の理論」の中で、アメリカの黄金狂時代の有閑階級に見られた「見せびらかしの消費行動」について言及している。

LIFE-CHANGING

これができたら
もっと明るい人生に

部屋は散らかり放題で手がつけられない

掃除・片づけができない

掃除が嫌いな人、好きではない人が圧倒的に多い

Question

あなたは掃除が好きですか?

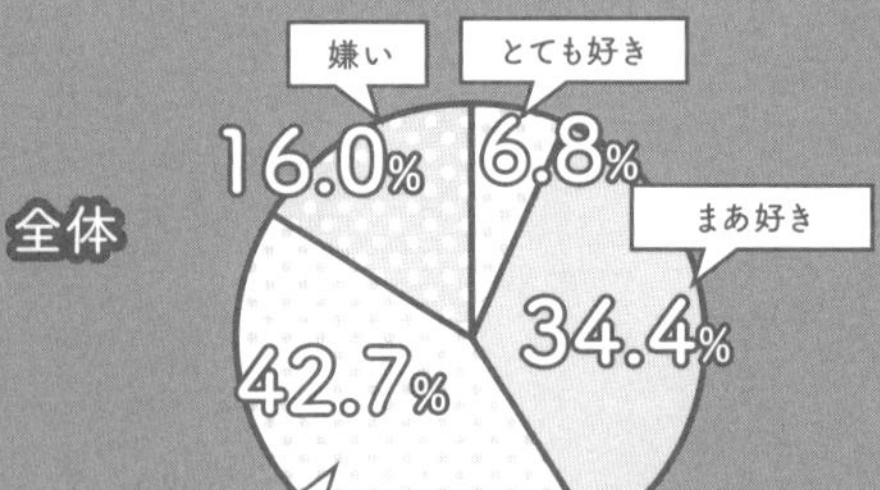

年代別

20代(n=55)	12.7%	38.2%	34.5%
30代(n=250)	7.6%	35.2%	40.0%
40代(n=279)	4.7%	30.5%	47.7%
50代(n=171)	7.0%	32.7%	44.4%
60代以上(n=81)	7.4%	46.9%	35.8%

「掃除についてのアンケート」
(2017年・女性836人/全国・リビングくらしHOW研究所調べ)

掃除ひとつできないような人間だったら、何もできない

――松下幸之助

「掃除・片づけベタ」の本質は、「物を捨てられない」ことです。物が溢れていると何かと掃除がしづらく面倒なため、自然と掃除・片づけ嫌いの性格になっていくわけです。

そして物が捨てられないのには「決断力」が大きく関わってきます。

松下幸之助
→159ページ。

決断力
決断力の高め方については さまざまな心理学者が考察を行っている。共通しているのは、「決断に期限を設ける」「短時間で行う」といった方法だ。たとえば物を捨てるかどうか決める場合は「1個につき3分以内に決める」といったルールを設けるとよいだろう。

そもそも一人暮らしであれば、部屋が汚くても一向に問題はありません。家に人を呼ぶことがそれほど多くないからです。

「掃除ベタ・片づけベタ」が問題になるのは、結婚生活などの共同生活や会社のデスク周りなど仕事関連のケースです。その場合、あなたの評価や評判に関わるので、掃除が嫌いな人は早めに「掃除上手・片づけ上手」の性格に変わっておく必要があります。

掃除ができる人間になりたいなら、まず決断力から身につけるべきです。決断力がないと、掃除の際に目の前のものが必要か不必要か、捨てるべきか残しておくべきかを判断できないので、やたらと時間がかかり、しまいには「どれも捨てるのが惜しい」と、匙を投げ自己嫌悪に陥ってしまうというわけです。

決断する方法としては、ものを捨てる、捨てないの基準を明確にす

自己嫌悪
心理学において自己嫌悪はもっとも大きなテーマの1つとして捉えられている。自己嫌悪に陥る原因としては、「こうなりたい」という理想の自分とそうではない現在の状況とのギャップが挙げられる。このギャップが大きいほど自己嫌悪の度合いも大きくなる。

ることです。たとえば家に溢れる本やマンガなら2年以上読んでいないものや希少価値が低いものは捨てる、会社のデスク周りなら3年以上前の不必要な書類はすべて捨ててしまう、といった具合に基準を作って文章化すれば、自然と決断力がついてきます。それでもどうしても片づけができないなら他人に手伝ってもらうとよいでしょう。他人ならその基準を厳格に守って物を捨てることができるからです。

また掃除好きになるためにはイメージトレーニングも効果的です。部屋が散らかっていたら、目を閉じて「スッキリしてすがすがしい自分の部屋」をイメージしてみるのです。その上で、一度に部屋全部をキレイに片づけるのではなく、「今日はベッド周り」「明日は本棚」と徐々に片づけを行っていけば、ストレスを感じることなく、部屋をきれいにすることができます。

イメージトレーニング
ある事柄に関して、事前に起こりうる場面を頭の中でイメージし、慣れておく手法。またスポーツなどで実際に体を動かすことなく、動いている自分を思い描くことで、技術を向上させる手法。

LIFE-CHANGING

これができたら
もっと明るい人生に

時間の配分をうまく考えられない
スケジュールの管理が苦手

世の中の75%の人が
手帳やスマホなどで
スケジュールを管理

Question

スケジュール管理をしている?

スケジュール管理している人
75.7%

	自分のプライベートの予定	自分の仕事の予定	家族の予定	知人の予定	タレントなどの有名人の予定	その他	スケジュール管理はしていない
全体 (n = 4207)	63.7%	48.1%	27.6%	1.9%	1.1%	0.5%	24.3%
男性 (n = 2535)	59.1%	54.0%	18.5%	1.6%	0.7%	0.4%	26.2%
女性 (n = 1672)	70.7%	39.2%	41.4%	2.5%	1.6%	0.5%	21.4%

「スケジュール管理」に関するアンケート
(2016年・4207人/DIMSDRIVE調べ)

時はその使い方によって金にも鉛にもなる

——Antoine François Prévost d'Exiles《プレヴォ》

人によって上手・下手がはっきり分かれるスケジュール管理。下手な人の心理的要因は「楽観主義」「大ざっぱ」「決断力がない」です。

①楽観主義

これはイレギュラーな事態を想定しない、という性格に直結します。

プレヴォ
アントワーヌ・フランソワ・プレヴォ・デグジル。17~18世紀のフランスの小説家で、カトリック教会の聖職者。

スケジュールは簡単に狂うもの。しかし楽観主義者は余裕なしに予定をギッシリ詰め込むので、1つのズレでスケジュールがガタガタになってしまいます。一方スケジュール管理が上手な人は「予定が崩れるのは当たり前」と考え、余裕のある予定を組みます。たとえば、重要な予定の前後には他の予定を入れないとか、最低1時間前には現地に到着するなどといった具合です。

ゆとりのあるスケジューリングは「精神的な余裕」を生みます。十分な準備ができるため、仕事自体もうまくいくことが多いのです。

②大ざっぱ

このタイプは「打ち合わせは1時間あれば十分」など、自分の希望的観測でだいたいの予定を組みます。しかしたとえ慣れている仕事でも予想どおりにいかないことがままあるのです。必要な時間を見誤る

精神的余裕

精神的余裕は効率アップにもつながることが、さまざまな研究で分かっている。たとえばノルマにしても高く設定するよりは、低く設定するほうが、精神的余裕が生まれるためクリアしやすく、モチベーションも高まりやすい。

と予定が大きく狂ってしまいます。必要な時間を正確に把握する努力をするように心がけましょう。

③決断力がない

スケジュール管理が下手な人は物事の優先順位を決められず不測の事態が起きたときにうまく対応できません。何を優先すべきか右往左往することになります。一方、スケジュール管理の達人は、仕事を優先度が高い順にA、B、Cとランクづけするなどの工夫を行います。時間がなくなったときでも、Aを優先し、Cを後回しにするなどスケジュールの再編成が簡単にできるようになるわけです。

ここまで見てきて分かるように、スケジューリングが上手な人と下手な人の違いはちょっとした工夫の差です。スケジューリングが上手い人を参考にぜひ今日からやり方を変えてみてください。

ランクづけ
優先順位に関しては重要度を基準にランクづけするという考え方以外に、早く成果を出せるものを優先的に実行すべきという考え方もある。

参考文献

『人生を変える習慣のつくり方』グレッチェン・ルービン（文響社）
『心理学大図鑑』キャサリン・コーリン（三省堂）
『世界の故事名言ことわざ総解説』江川卓（自由国民社）
『世界名言・格言辞典』モーリス・マルー編（東京堂出版）
『世界名言集』岩波文庫編集部編（岩波書店）
『セルフコントロールの心理学』生月誠（講談社）
『プラス暗示の心理学』生月誠（講談社）
『名言・格言・ことわざ辞典』増井金典（ミネルヴァ書房）
『「ムカッとくる怒り」がスーッとおさまる本』植西聰（PHP研究所）

にがてが消える心理学

2019年5月1日　第1刷発行

著者　神岡真司
発行者　塩見正孝
発行所　株式会社三才ブックス
〒101-0041
東京都千代田区神田須田町2-6-5 OS'85ビル3F
TEL 03-3255-7995（代表）
FAX 03-5298-3520
印刷・製本所　図書印刷株式会社

装丁　近藤みどり
装画　ヤギワタル
DTP　藤本明男（三才ブックス）
編集協力　風間拓
穂積直樹